享受吧！京都甜點小旅行

co-Trip **Kyoto** Guide

CONTENTS

於店內品嘗的甜點小旅行

8 令人憧憬的下午茶
12 華麗的盤飾甜點世界
16 討人喜歡的布丁@咖啡廳
20 刨冰圖鑑
22 正宗可麗餅
24 以和風食材製作的甜點
30 『琥珀流』粉絲俱樂部
32 點心 × 日本茶
34 點心 × 紅茶
36 點心 × 咖啡

走趟京都點心之旅

40 祇園
46 河原町及烏丸
54 寺町通
60 出町柳
66 上七軒及北野
72 岡崎
78 宇治
84 二条城
90 嵐山
94 抹茶 at 寺院
98 歡迎光臨絕景咖啡廳

KYOTO Column

38 瞥見店家布簾景致
100 寺院 & 神社的著名點心
102 八橋，不斷進化
122 京都點心談

購買京都點心趣

104 堪比藝術的干菓子
108 繽紛四季的上生菓子
110 透明澄澈的和菓子
112 麵包小點
114 魅力滿分的巧克力專賣店
116 養生食材製成的點心
118 京都和菓子年曆
120 甜點紋樣的生活用品

U0056382

國家圖書館出版品預行編目資料

享受吧！京都甜點小旅行 / MAPPLE 昭文社編輯部作；曾柏穎翻譯. -- 第一版. -- 新北市：人人, 2018.01
面； 公分. --（人人趣旅行；56）

ISBN 978-986-461-126-3(平裝)

1. 旅遊 2. 日本京都市

731.75219 106017566

【人人趣旅行 56】

享受吧！京都甜點小旅行

作者／MAPPLE昭文社編輯部
翻譯／曾柏穎
校對／藍雯威
編輯／陳宣穎
發行人／周元白
出版者／人人出版股份有限公司
地址／23145新北市新店區寶橋路235巷6弄6號7樓
電話／（02）2918-3366（代表號）
傳真／（02）2914-0000
網址／www.jjp.com.tw
郵政劃撥帳號／
16402311人人出版股份有限公司
製版印刷／長城製版印刷股份有限公司
電話／(02)2918-3366（代表號）
經銷商／聯合發行股份有限公司
電話／（02）2917-8022
第一版第一刷／2018年1月
定價／新台幣280元

■本書所刊載的內容為2016年9～10月的資訊。本書出版後可能會因餐廳菜單、介紹商品或費用等各種資訊變更，或是因季節性變動、臨時休業而無法利用。費用原則上皆為含稅價格，依設施不同也可能標示不含稅的價格。要利用時請務必先行確認。此外，因本書中提供的內容產生糾紛和損失時，本公司礙難賠償，敬請事先理解後使用本書。

- 電話號碼提供的都是各設施的詢問電話，因此可能會出現非當地號碼的情況。使用衛星導航等設備查詢地圖時，可能會出現和實際不同的位置，敬請見諒。
- 各種費用部分，入場券部分的標示以大人的票價為準。
- 不營業的日期，只標示公休日，不包含臨時休業或盂蘭盆節和過年期間的休假。

HAVE A HAPPY TIME !
京都タワーホテル

這回的旅途
縈繞香甜氛圍

令人迫不及待想要遇見的
旅行時光，就此展開。
街角的古典咖啡廳
光線自格子窗灑進甜點店
微風輕撫臉頰的河岸咖啡座……
探尋街中四處綻放的
甜美幸福
今天要去哪邊走走呢

一個不起眼的轉瞬
也能在其深處隱約感受到
長時間交織而成的
歷史氣韻與人們的思緒
或許這就是京都旅行的魅力

走在街上，你看這邊
還有，那邊
都可見到璀璨閃耀的
珠寶盒喔
輕輕地打開來看看吧

於店內品嘗的甜點小旅行

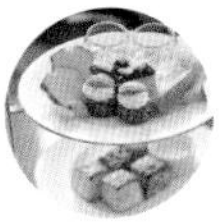
8
令人憧憬的下午茶

12
華麗的盤式甜點世界

16
可愛的布丁
@咖啡廳

20
刨冰圖鑑

長樂館的大廳

36
點心
×
咖啡

34
點心
×
紅茶

32
點心
×
日本茶

24
以和風食材
製作的甜點

22
正宗可麗餅

令人憧憬的下午茶

上等紅茶與精緻茶點
妝點出優雅的休憩時光……。
在此為您介紹充滿魅力的空間，
邀您進入稍縱即逝的夢幻。

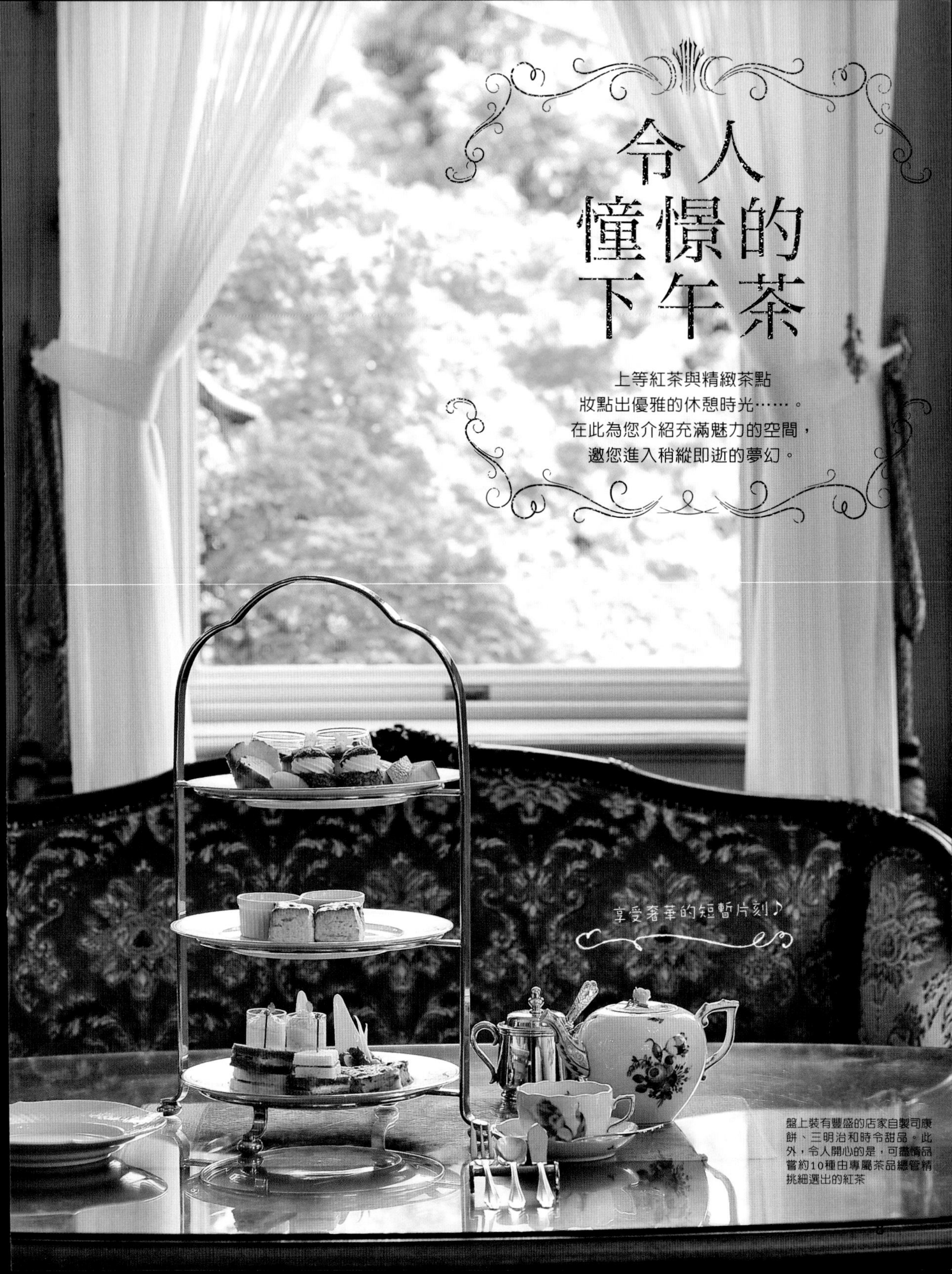

享受奢華的短暫片刻♪

盤上裝有豐盛的店家自製司康餅、三明治和時令甜品。此外，令人開心的是，可盡情品嘗約10種由專屬茶品總管精挑細選出的紅茶

於傳統典雅的空間內，度過無比幸福的午後時光

menu

下午茶4320日圓～(上)店家自製的磅蛋糕及小泡芙等(中)兩種司康餅(下)小黃瓜三明治、鮮蝦當季蔬菜佐酪梨沾醬等

1.「迎賓間」為下午茶專屬，是擺有名畫和骨董家具的優美空間　2.2016年重新翻修後新設的精品店（伴手禮販售區），值得留意餅乾等原創商品　3.上有雕刻的灰泥粉刷拱頂　4.法國巴卡拉公司製的水晶吊燈　5.文藝復興風格的外觀

此建築興建於1909年（明治2年），原是以煙草致富的企業家村井吉兵衛的別府，爾後直接翻修成咖啡廳。店內以閃耀著巴卡拉水晶吊燈的「迎賓間」為首，共有裝潢成伊斯蘭風格的「吸煙室」等，8間風格迥異的房間，顧客可於此享用好茶及甜點。推薦到訪這個曾接待過眾多國內外重要賓客的高雅空間裡度過古典的下午茶時光。

|| 祇園 ||

デザートカフェ長楽館

デザートカフェちょうらくかん

☎075-561-0001 ⌂京都市東山区八坂鳥居前東入円山町604 ⓛ11:00～19:30(L.O.19:00)，下午茶為12:00～18:00(兩場制) 休不定休
阪急河原町站步行15分 MAP124-E-3

1.採用時髦的格子窗等富有京都町家意象的空間　2.以町家為意象所打造出的簡潔黑白設計，令人印象深刻

menu

下午茶4882日圓～。菜色和甜點每月變換（可單人點用）※採訪時盤上裝盛的是玫瑰造型的蛋糕

曾獲全球最佳甜點師獎的皮埃爾·艾爾梅聯名餐點的地方，日本唯一能夠品嘗得到的就在咖啡廳「ザ·ロビーラウンジ」。可於飯店洗鍊的裝潢和服務中，使用上好餐具，充分享受高級下午茶。

|| 京都市役所前 ||

京都麗思卡爾頓酒店

ザ・リッツ・カールトン京都

☎075-746-5522 ⌂京都市中京区鴨川二条大橋畔 ⓛ8:00～L.O.20:30 休無休 地下鐵京都市役所前站步行3分 MAP124 E-3

menu

下午茶套餐2592日圓（含飲料）。（上）五重塔餅乾和生八橋等（中）抹茶和煎茶的泡芙等（下）京都蔬菜鹹派等

於京都拓展生活用品店的「SOUVENIR」所一手策畫的咖啡廳。和、洋風交織的下午茶套餐，內含生八橋及京都蔬菜鹹派等小點，十分受到歡迎。享用美味餐點之餘，也可欣賞店家對於裝潢和器皿等的講究品味。

|| 祇園 ||

TEA VENIR

ティーベニール

☎075-531-4710 ⌂京都市東山区祇園町南側577-3 ⓛ12:00～19:00（L.O.18:00）休週二（逢假日則翌日休）京阪祇園四条站步行3分 MAP124 E-3

1.眺望屋內小巧中庭的偌大窗子
2.位在面向四条通的生活用品店內側

menu

招牌午晚茶1780日圓。（上）和三盆糖義式奶酪、烏羽玉饅頭等（下）義式布切塔等

咖啡餐廳位在蔚為話題的藝文景點「ROHM Theatre Kyoto」內，販售老舖「龜屋良長」推展的嶄新風貌和憮子、和風口味原創聖代等，各式融合和洋風格的講究甜點。

1.給人開闊感的挑高天花板。光線會從大片窗戶映照入內
2.和風時尚裝潢的寬廣空間

|| 岡崎 ||

京都モダンテラス

きょうとモダンテラス

☎075-754-0234 ⌂京都市左京区最勝寺町13 ロームシアター京都 パークプラザ2F ⏲8:00～23:00 休不定休 ‼市巴士岡崎公園ロームシアター京都・みやこめっせ前即到 MAP124 E-2

menu

下午茶套餐1700日圓～。有杯子蛋糕、司康餅和一口三明治等。紅茶可自由挑選

望出窗子可看見紅磚造的典雅洋樓

能夠完全沉浸在英式氛圍的茶房。裝潢採用撩撥少女情懷的時尚復古風，店內除可品嘗道地英式下午茶和奶油茶點外，還可享用多種的英國代表性餐點。

|| 四条烏丸 ||

THE THREE BEARS

ザ・スリーベアーズ

☎075-252-2221 ⌂京都市中京区烏丸通蛸薬師南入ル手洗水町647トキワビル1F ⏲11:30～20:00（L.O.19:30）休週一、二（逢假日則營業）‼地下鐵烏丸御池站步行5分 MAP124 D-3

menu

下午茶1080日圓。有冰淇淋、水果磅蛋糕、司康餅等各式烘焙小點（照片為採訪拍攝時的品項）

餐點堅持無肥料栽培的產品，內售大約40種的精選紅茶和花果茶。所有壺裝茶飲只需500日圓就能品嘗得到，是令人開心的一大賣點，還可在充滿町家風情的店內搭配天然派手工甜點一起享用。

以階梯和矮腳桌等町家元素，打造沉靜心靈的裝潢

|| 西陣 ||

町家紅茶館 卯晴

まちやこうちゃかんうはる

☎075-441-4772 ⌂京都市上京区大宮通笹屋町下ル石薬師町689-13 ⏲11:30～17:00（L.O.16:30）休週日，其他不定休 ‼市巴士金出川大宮步行3分 MAP124 D-2

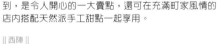

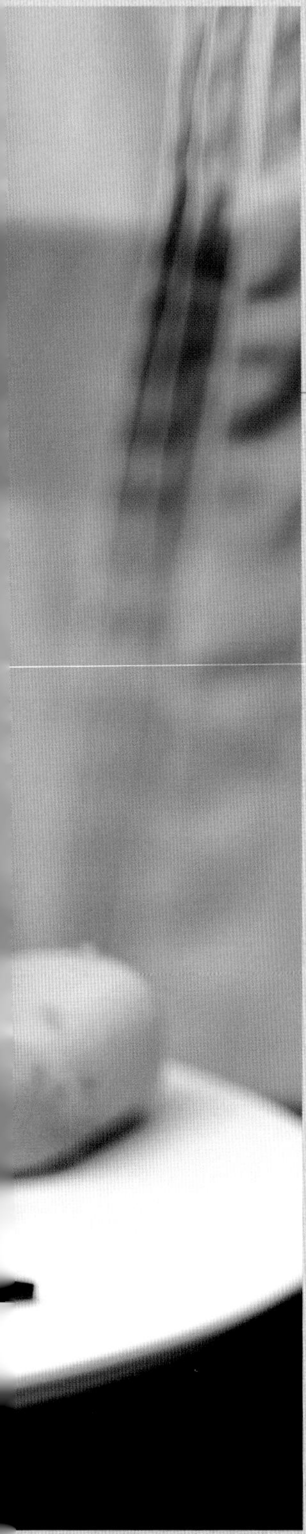

由抹茶和青柚子等構成的藝術甜點，可品嘗多層次豐富的味道

玻璃容器中繽紛動人的抹茶慕斯及蛋白霜馬林糖，彷彿是小巧的庭園造景

在眼前傾注而下的濃郁巧克力，讓人不禁為之怦然。絕對不可錯過融化巧克力自頂蓋流入容器中的瞬間！

華麗的盤飾甜點世界

宛如藝術般美麗的甜點。於顧客眼前完成最後點綴的程序，如同藝術一般。以五感享受甜點，徜徉於奢華片刻。

甜點師、巧克力師及廚師三種職業兼具於一身的垣本晃宏主廚一手規劃並翻修有小庭院的町家，於時髦的店内可嘗到宛如藝術般精緻的美麗甜點。此外，飲品以酒精飲料為主，商品配置上也散發成熟的氣息。在這裡可以發現甜點與酒的嶄新搭配。

ASSEMBLAGES KAKIMOTO

アッサンブラージュカキモト

‖御所南‖☎075-202-1351 ⌂京都市中京区松本町587-5 ◷外帶:12:00～19:00，內用:12:00～18:00，晚餐18:00～23:00(L.O.21:00)※限預約 休週二，第2、4週三 ‼京阪神宮丸太町站步行7分 MAP124 D-2

改建自町家的茶屋風格。時尚的店家標誌也值得一看

陳列櫃内的商品宛如珠寶般整齊排列

盡情享受甜點與
美酒的搭配滋味

Thé Vert抹茶點
1944日圓

能在吧檯另一端見識到華麗的製作手法，與為人爽朗的主廚互動也非常有趣

rêve d'été夏之夢
2160日圓
※套餐中的一道。菜單視季節而異

法式料理主廚於一只盤中演繹出小宇宙

盤内滿溢桃子的多汁甘甜，是道富有梅果 風味的豪奢美饌。採用當季水果，每月推出兩次新作

以奶油勾勒出曲線，將水蜜桃排列成扇形，輕輕將自製紅桃雪酪點綴於上，最後加上裝飾花朵就大功告成

為盤飾甜點專賣店，經營者鈴木一也主廚擁有法式餐廳和西點店經歷，菜單上僅有一道由三盤甜點組成的套餐。可從使用當令水果的單盤甜點，或店家招牌的「火焰薄餅」等大約四種品項中，挑選主甜點。不妨來到讓人以為置身酒吧的時髦店内，品味宛如藝術品的美麗甜點，盡情享受奢華的片刻時光。

Desserts La Flamme Bleue

デセール・ラ・フラムブルー

|| 四条河原町 || ☎075-252-3830 ⌂京都市中京區蛸薬師通麩屋町東入蛸屋町157-1 ⓛ12:00～L.O.19:00 休 週二 ‼阪急河原町站步行7分 MAP 124 D-3

店内氛圍猶如酒吧，男性顧客也能輕鬆用餐。同時備有紅酒等酒精飲料，可以享受微醺氣氛

使用大量丹波栗製成的栗子奶油，與鬆脆派餅為絕配組合（※視季節而異）

如夢似幻的視覺饗宴讓人大為感動！邊將白巧克力削得細如粉雪，綴飾在甜點上

Finish!

秋季美饌上飄落一陣美麗白雪……季節的意象疊合之後，餐點宣告完成

點餐後才現場層層疊組的精緻千層派

全國展店的巧克力專賣店於京都開設特色門市。務必走訪位在二樓的巧克力吧，品嘗點餐後才疊組的講究千層派。鬆脆派皮帶有絕佳口感，和丹波栗子蒙布朗奶油交織出堪稱人間極品的美味。此外還能享用到京都抹茶舒芙蕾、熔岩巧克力類的綿密巧克力塔等各類甜點。

Chocolat BEL AMER 京都別邸

ショコラベルアメールきょうとべってい

‖烏丸御池‖☎075-221-7025 ⌂京都市中京区三条通堺町東入ル桝屋町66 ⏲10:00～20:00（L.O.19:30） 休不定休 🚶地下鐵烏丸御池站步行5分 MAP124 D-3

宛如教堂的古雅外觀，令人印象深刻

享用現擠的香醇栗子奶油

京都北山MALEBRANCHE總店的「SALON DE THE」內，陳列著僅有來到此處才能享用的限定現做甜點。一定要品嘗的是現擠上滿滿栗子奶油的豪華「高級特製蒙布朗」，飲品搭配香氣濃郁的法式濾壓咖啡最對味。可以到綴飾著四季花卉的店內，度過優雅的片晌時光。

可從三種萊姆酒中挑選喜愛的酒款，店家會當場調製成奶油。宛如「高級訂製」的現場服務，讓人感到賓至如歸

在擠得滿滿的栗子奶油上，輕撒砂糖粉之後便大功告成

於慕斯凍上擠滿法國產栗子奶油的奢華甜品

Finish!

MALEBRANCHE京都北山總店

マールブランシュ京都北山本店

‖北山‖☎075-722-3399 ⌂京都市北区北山通植物園北門前 ⏲店鋪：9:00～20:00，沙龍：10:00～20:00（L.O. 19:30） 休無休 🚶地鐵北山站步行3分 MAP124 D-1

貼近咖啡廳文化的復古甜點

討人喜歡的布丁 @咖啡廳

京都人自古盛行的咖啡廳文化，愛好飲用咖啡。
接下來將介紹喝咖啡時搭配享用的「甜點心」——
備受當地人喜愛的咖啡廳布丁。

加入煉乳的香醇布丁，再搭配滿滿的水果和香草冰淇淋，這就是招牌的「經典布丁冰淇淋」

3

2

1

5

4

6

復古又充滿藝術感的六種布丁冰淇淋

|| 木屋町三条 ||

喫茶 le GABOR

きっさガボール

店内設計以巴黎歌舞廳後台休息室為意象，打造出略顯豔麗的空間，能享用到味道和外觀都極具獨特性的六種布丁冰淇淋。用烤箱蒸烤過的偏硬葡式布丁為基底，從招牌經典口味，到咖啡或焦糖醬微苦味，誘人滋味的大人系品項，種類多元，能品嘗到多樣美味。

☎075-211-7533 ⌂京都市中京区三条木屋町東入ル中島町103 フジタビルB1F ⏲15:00～25:00（L.O.24:00），週六、日、假日：12:00～24:00（L.O.23:00，午餐為12:00～16:00） 休週三 ‼京阪三条站步行5分 MAP 124 E-3

1.起司蛋糕和棉花糖融化成美麗白色後構成的「MATTERHORN」 2.添入吉拿棒和堅果碎片的「MILONGA」 3.於布丁上堆起小泡芙的「MONTMARTRE」 4.無論是蛋糕還是醬料皆統一使用巧克力而成的全黑「ROCKY MOUNTAIN」 5.用糖蜜讓莓類水果交織在一起的莓果總匯作為襯托的「ROCHEFORT」 6.以紅色為基調的唯美空間前身是藝廊 7.在店家招牌的吸引下走進地下樓層

7

C	A
D	B

A.華麗外觀令人雀躍。INODA COFFEE STORE的布丁聖代860日圓 B.一看就能想像吃下後的彈牙口感。やまもと喫茶的布丁（附飲料750日圓） C.放有葡萄的フランソア喫茶室布丁冰淇淋900日圓 D.很有手作感的裝盛器皿也十分美觀。鳥の木珈琲的手工布丁300日圓及自家烘焙咖啡400日圓

略有復古氣息的場所 一嚐咖啡廳布丁

1.勾勒出圓弧的天花板打上朦朧燈光後十分夢幻 2.綿密的大理石乳酪蛋糕（法式）550日圓

|| 四条河原町 ||

フランソア喫茶室

フランソアきっさしつ

巴洛克風格建築内流瀉出古典音樂聲的浪漫咖啡廳老店。人氣商品布丁冰淇淋的外觀復古高雅，與店家氛圍也十分相襯。販售的布丁添加了鮮奶油，濃醇口感為一大特色，另外還擺放當季水果作為配料。

☎075-351-4042 ⌂京都市下京区西木屋町通四条下ル船頭町184 ⏱10:00～23:00 休夏天不定期連兩日休 ‼阪急河原町站即到 MAP124 D-3

1.透過大窗子能夠眺望綠意盎然的庭院，令人心曠神怡 2.簡樸的布丁380日圓，是飯後甜點的絕佳選擇

|| 烏丸御池 ||

INODA COFFEE STORE

イノダコーヒ本店

代表京都的咖啡老店之一，翻修以前的町家、充滿情調的建築為迷人之處。店內布丁擁有衆多長年愛好者，製作方式承襲過去東京銀座的德國餐廳「KETEL」於90年代左右所想出的配方。擺滿水果的布丁聖代分量十足，華麗的外觀也引人讚嘆。

☎075-221-0507 ⌂京都市中京区堺町通三条下ル道祐町140 ⏱7:00～19:00 休無休 ‼地下鐵烏丸御池站步行10分 MAP124 D-3

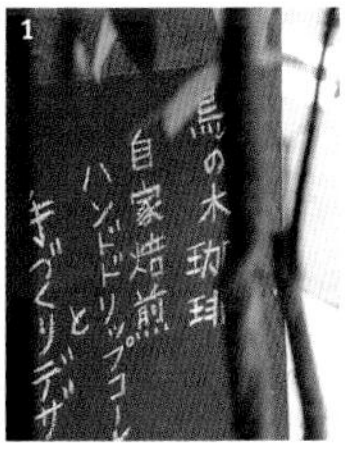

1.手寫的招牌暖人心懷 2.極富韻味的木製家具與沉穩的照明光線，營造出舒適放鬆的氛圍

|| 御所南 ||

鳥の木珈琲

とりのきこーひー

店家自家烘培加上用心沖泡的咖啡備受歡迎，也有許多人前來的目的是品嘗手工布丁。由於未添加鮮奶油，因此舌尖可以感受到濃郁蛋香。澆淋其上的焦糖略帶苦澀，是種令人懷念的古早味。綿密滑順的口感也是一大魅力。

☎無 ⌂京都市中京区夷川通東洞院東入ル山中町542モア御所南1F ⏱9:00～L.O.18:00 休週三、第3週日，其他不定休 ‼地下鐵丸太町站步行6分 MAP124 D-2

1.一到春天，透過偌大窗子也能賞櫻 2.懷舊玻璃杯也相當可愛的冰淇淋汽水700日圓

|| 祇園 ||

やまもと喫茶

やまもときっさ

位在寺院及神社林立的街中，鬆軟的蛋三明治也廣受好評。店家招牌的布丁是以120度文火耗費4～6小時慢慢加熱，這即是美味的祕訣，布丁因而毫無蜂窩般的小氣孔，有著驚人的滑順口感。此外，因為添加鮮奶油，讓味道非常香濃可口。

☎075-531-0109 ⌂京都市東山区白川北通東大路西入ル石橋町307-2 ⏱7:00～18:00 休週二 ‼市巴士知恩院前即到 MAP124 E-3

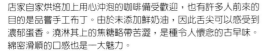

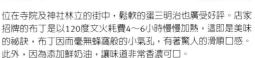

刨冰圖鑑

古都沁涼滋味也色彩繽紛

京都刨冰不僅是採用講究的食材，以豐富色彩帶來令人驚豔的視覺享受更是僅此可見。美味可口又賞心悅目的刨冰大集合。

一碗可品嘗五種口味，十分好吃♪

A 二條若狹屋 寺町店的「彩雲」〈全年供應〉

採用日光製冰師所製作的天然冰

B 祇園NITI的「淡雪awayuki」天然水刨冰＋抹茶宇治金時〈全年供應〉

錦水羹閃閃發光！

C 甘味処 ぎおん楽楽的「糖果般的刨冰」〈夏季限定〉

A

‖寺町‖

二條若狭屋 寺町店

にじょうわかさやてらまちてん

是創業至今已寫下約100年歷史的和𫊸子店，廣受好評的刨冰「彩雲」，會附上因季節而變換的5種自製糖蜜，一碗可嘗到五種口味。刨冰中也加入了各式水果。1512日圓。

☎075-256-2280 ⌂京都市中京区寺町通二条下ル榎木町67 ⏲10:00～17:00（販售：9:00～18:00）休週三 ‼地下鐵京都市役所前站步行5分 MAP124 D-3

B

‖祇園‖

祇園 NITI

ぎおんニチ

位在祇園的和風咖啡廳，翻修自屋齡百年左右的茶屋，招牌刨冰使用栃木縣日光製冰師──第四代師傅德次郎製作的天然冰。宛如白雪般輕盈又入口即化，堪稱絕品。1200日圓。

☎075-525-7128 ⌂京都市東山区祇園町南側570-8 ⏲11:00～L.O.17:30 休週三 ‼京阪祇園四条站步行6分 MAP124 E-3

C

‖祇園‖

甘味処 ぎおん楽楽

かんみどころぎおんらくらく

日、義料理師傅傾力製作，提供大人口味的甜點店。人氣刨冰鑲嵌著恰似「糖果」的寒天凍，美如珠寶盒。糖蜜可三選一。900日圓。

☎075-532-0188 ⌂京都市東山区祇園四条花見小路下ル西側2F ⏲13:00～18:00 休週三，其他不定休 ‼京阪祇園四条站步行5分 MAP124 E-3

D

‖東山‖

祇園下河原 page one

ぎおんしもがわらページワン

創業於1883（明治16）年、京都歷史最悠久的製冰店，一手打造出的咖啡酒吧。冰品「鮮榨檸檬」分量十足，高度超過20公分，淋有滿滿新鮮檸檬汁，呈現完美的清爽口感。800日圓。

☎075-551-2882 ⌂京都市東山区下河原通八坂鳥居前下ル上弁天町435-4 ⏲11:00～24:00 休週三 ‼市巴士東山安井步行3分 MAP124 E-3

將杏果乾熬煮
至綿密黏稠

E　みつばち的「杏果冰」〈夏季限定〉

連容器都是
用冰做成的

D　祇園下原町page one的刨冰「鮮榨檸檬」〈全年供應〉

H　中村軒的「酸桔冰」〈8月左右，刨冰為5～9月〉

天然桃子的
美味濃縮於其中

G　いっぷく処　古の花的「桃子冰」〈7月中旬～10月〉

使用香濃的
京都大豆粉

F　文の助茶屋　本店的「鄉村冰」〈5月黃金週～10月10日〉

H

‖桂‖

中村軒

なかむらけん

中村軒以麥代餅聞名，夏季販售的刨冰則是宇治金時擁有高人氣，但也不能錯過水果的季節限定冰品。「酸桔冰」上使用大量蜂蜜製成的白糖蜜與酸桔的清爽口感，實在絕配。820日圓。

☎075-381-2650 ⌂京都市西京区桂浅原町61 ⓛ9:30～17:45(販售：7:30～18:00) 休週三(逢假日則營業) 阪急桂站步行15分 MAP125 C-4

G

‖北野‖

いっぷく処 古の花

いっぷくどころこのはな

位在北野天滿宮東側、原是酒造建築的餐廳及甜點店。刨冰活用水果的原始味道，充滿水果風味備受歡迎。其中的「桃子冰」帶有桃子的芳醇香氣和多汁甜味，讓人一吃上癮，廣受好評。750日圓。

☎075-461-6687 ⌂京都市上京区御前通今小路上ル馬喰町898 ⓛ10:00～16:00 休週二 市巴士北野天滿宮前步行3分 MAP125 C-2

F

‖東山‖

文の助茶屋 本店

ぶんのすけぢゃやほんてん

熱門商品為蕨餅的甜點老店，這裡的刨冰能同時品嘗到蕨餅和冰品，是種奢侈的享受。除了蕨餅以外，還有大豆粉蜜及大豆粉冰淇淋，可嘗到高雅的和風口味。860日圓。

☎075-561-1972 ⌂京都市東山区下河原通東入八坂上町373 ⓛ10:30～17:30 休不定休 市巴士清水道步行6分 MAP124 E-3

E

‖出町柳‖

みつばち

重視食材原味的手工夏季限定甜點就是這個「杏果冰」，上頭淋滿新鮮杏果蜜，滿滿的酸甜滋味。由紅藻製成的寒天配料也十分美味。數量限定，900日圓。

☎075-213-2144 ⌂京都市上京区河原町通今出川下ル梶井町448-60 ⓛ11:00～L.O.17:45(售完打烊) 休週日、一 京阪出町柳站步行7分 MAP124 D-2

對餅皮無比講究的

正宗可麗餅

法式風格是以刀叉品嚐可麗餅，在熱鬧的點心時刻，配上幾杯酒，享受微醺氛圍……。可適用於各式場合、風格道地的店家齊聚於此。

1.生鮮鳳梨佐自製焦糖1080日圓。附冰淇淋需加價280日圓 2.堅果搭萊姆葡萄可麗餅（附冰淇淋）1280日圓，肉桂的刺激有畫龍點睛之效　3.吉祥物「Garçon少年」迎接賓客上門 4.以法國小巷為設計意象的店内

フランス ブルターニュ地方のガレットとクレープのお店です。
ギャルソン クレープ
Crêperie GARÇON

|| 東山 ||

Crêperie GARÇON

ギャルソン クレープ

深受正宗布列塔尼可麗餅感動的店主，於此間法式烘餅和可麗餅專賣店内大展身手。歷經反覆摸索完成的自豪餅皮，口感外層酥脆，内層蓬鬆，輕柔四溢的芳醇奶油香更是讓人垂涎三尺。法國觀光客也會到此探尋家鄉的味道。

☎075-561-1111 ⌂京都市東山区下弁天町53-3 ⏰11:30～L.O.19:30 休週四，其他不定休 🚶市巴士東山安井即到 MAP124-E3

|| 四条烏丸 ||

クレープリー 京都シャンデレール

クレープリーきょうとシャンデレール

以獨家配比的法國產小麥和鹽等講究的材料，煎烤出自豪餅皮的可麗餅店家。菜單上列著採用時令水果及蔬菜等製成的多樣法式烘餅和可麗餅，種類琳瑯滿目。點杯蘋果酒作為飲料，就是道地又流行的品嘗方式。

☎075-754-8763 ⌂京都市中京区東洞院通四条上ル阪東屋町662
🕒週二～六11:00～22:30（L.O.21:30），週日及例假日11:00～22:00（L.O.21:00）休週一（逢假日則營業，翌日休）
阪急烏丸站步行3分 MAP 124 D-3

1.翻修町家而成的和洋折衷空間，非常典雅　2.皇家甜可麗餅750日圓（另有飲料套餐），蘋果微氣泡酒Cider單杯430日圓　3.法國產栗子奶油製成的季節限定蒙布朗可麗餅850日圓（另有飲料套餐）

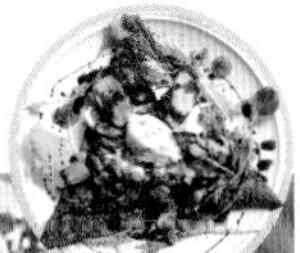

1.店家自製鹽奶油焦糖（附飲料）1000日圓～　2.外觀猶如法國街角的咖啡廳　3.鴨肉搭配無花果沙拉的法式薄餅（附馬鈴薯泥）佐藍莓醬汁1300日圓

|| 御所南 ||

neuf creperie.

ヌフ クレープリー

此處可品嘗到的法式烘餅和可麗餅，是以老闆自己在布列塔尼地區探尋到的美味為基調，進行多次改良後的成果。每次點餐後才一張張煎烤的餅皮，口感蓬鬆軟潤，非常誘人。添入上等奶油和醬汁後，樸實無華，卻是公認的分量十足。

☎075-200-4258 ⌂京都市中京区夷川通高倉西入ル山中町550-1
🕒9:00～19:00 休週三，第4週四（逢假日則翌日休） 地下鐵丸太町站步行5分 MAP 124 D-2

|| 四条河原町 ||

CRÊPERIE ORUHAKOSHITO CAFÉ

クレ　プリ　オルハコント カフェ

秘密基地般的法式烘餅與可麗餅專賣店，隱身於緊鄰錦市場的大樓3樓。店主曾於東京、法國學藝，出自其手的美食有添加水果的甜點系列、搭配蛋及起司的正餐系列等超過20種品項。適合搭配法式烘餅享用的蘋果酒種類也十分豐富。

1.店家自製焦糖+烤香蕉+香草冰淇淋1350日圓，蘋果酒搭小酒杯（150mℓ）702日圓　2.吧台處擺放著一排排紅酒瓶。大多以木頭打造出的空間充滿溫度，感覺能夠靜靜地度過悠哉時光

☎075-229-6060 ⌂京都市中京区蛸薬師通富小路東入ル油屋町146ラポルトビル3F 🕒午餐11:30～15:00（L.O.14:00），下午茶15:00～17:00，晚餐18:00～24:00（L.O.22:30）休不定休
阪急河原町站步行5分 MAP 124 D-3

療癒人心的沉穩美味

以和風食材製作的甜點

運用紅豆、大豆粉及白味噌等和風食材製作的小點，蘊含柔順甘甜及懷古的味道。品嘗此種帶有沉穩滋味的甜點，享受療癒人心的片晌時光。

添上水果和生奶油等配料後，宛如西點般華麗

紅豆 azuki

甜點老舖創新，打造截然不同的京都甜點

|| 西陣 ||

うめぞの茶房

うめぞのさぼう

此處為甜點老舖「梅園」的姊妹店，招牌甜點是以豆沙餡為基底並搭配水果等製成的「裝飾羊羹」。是道口感滑順、和洋食材完美結合的嶄新京都甜點。

☎075-432-5088 ⌂京都市北区紫野東藤ノ森町11-1 🕒11:30～18:30 休不定休 !!市巴士大徳寺前步行5分 MAP124 D-2

1.可可、抹茶及覆盆子等招牌口味，再加上季節商品，店家通常備有8種左右的品項。1個320日圓～　2.陳列商品的骨董展示櫃也十分有味道　3. 由町家改造而成的店家於2樓也設有內用空間

邂逅時髦又新穎的豆餡甜品

1.先製作顆粒豆餡及鮮奶油的雙層內餡後再以白豆餡裹覆的「あんです」648日圓　2.店內座位有29席，氛圍輕鬆　3.豆餡和馬斯卡彭起司絕妙融合的「あんぽーね」648日圓　4.建築翻修自町家，構造富饒情調

|| 祇園 ||

京都祇園 あのん 本店

きょうとぎおんあのんほんてん

和風咖啡廳內販售跨越和洋界線的各式豆餡甜點。店頭陳列以白豆餡山型蛋糕「あんです」為首，還有內含顆粒豆餡&馬斯卡彭起司的最中餅「あんぽーね」等時髦甜品，也推薦當作伴手禮。

☎075-551-8205 京都市東山区清本町368-2 12:00～20:00（週六10:00～，週日及例假日10:00～18:00） 休週二 京阪祇園四条站步行4分 MAP124 E-3

眺望庭院心陶醉 來碗綻放風雅的餡蜜

1.餡蜜1188日圓，可挑選黑糖蜜或白糖蜜　2.窗戶刻意做大，呈現視野遼闊的空間　3.從緣廊眺看庭院，度過極致的美好時光　4.季節生菓子（附抹茶）1102日圓～

|| 御所西 ||

虎屋菓寮 京都一条店

とらやかりょうきょうといちじょうてん

位在京都的虎屋悞寮上創業於室町時代後期。全年供應的人氣餡蜜，內有以北海道產紅豆製成的豆餡，同時放進依季節更換顏色、宛如珠寶的寒天凍，並搭配栗子羊羹及琥珀羊羹等，可以品嘗到五顏六色的美味。

☎075-441-3113 京都市上京区一条通烏丸西入広橋殿町400 10:00～L.O.17:30 休不定休 地下鐵今出川站步行7分 MAP124 D-2

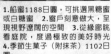

3

|| 祇園 ||

吉祥菓寮 祇園本店

きっしょうかりょうぎおんほんてん

江戶時代中期創業的甜點舖經營的茶寮，此處的著名商品為使用自家烘培大豆粉製造的和風甜點。能夠充分享受大豆粉香氣及甘甜的「焦大豆粉聖代」等品項，讓人重新認識大豆粉的迷人之處。

☎075-708-5608 ⌂京都市東山区古門前通東大路東入ル石橋町306 ⏲10:00～19:00（2樓品茗空間11:00～）
休無休 👣地下鐵東山站步行5分
MAP 124 E-3

1.焦黃豆粉聖代1080日圓，享用時可先大量撒入置於桌上的黃豆粉
2.也有種類豐富的大豆粉類生菓子
3.店家為翻修自古厝的兩層樓建築，店內1樓為商品銷售，2樓為咖啡廳

2

大把灑上香甜的
自家烘培黃豆粉

1

黃豆粉

kinako

shiromiso & kurogoma

白味噌 黑芝麻

一口大小的串丸子
可享受現做的燙嘴口感

2

1.店家鄰近清水寺和八坂神社，也非常適合作為觀光途中的小歇處所　2.共有京都風白味噌、黑芝麻醬油、甜醬油、磯邊燒和顆粒豆餡5種口味，5根360日圓～。5種丸子可各品嘗1根的套餐「團樂」650日圓

十文堂

1

|| 東山 ||

十文堂

じゅうもんどう

在松葉竹籤上串入直徑12mm的小丸子再烤到香氣四溢汁後就是「鈴串丸子」了。由聞名的京都風白味噌及黑芝麻醬油領銜，共有5種口味。由於是點餐後才現烤，可品嚐到熱呼呼的團子也是一大魅力。

☎075-525-3733 ⌂京都市東山区玉水町76 ⏲11:00～L.O.17:30 休週三、四 👣市巴士清水道即到 MAP 124 E-3

1

|| 祇園 ||

小多福
おたふく

位在東山小巷中的手工萩餅專賣店，共有紅豆、梅子、海苔、古代米等8種色彩鮮豔的小巧萩餅。冷掉也不會變硬，綿密又帶有黏性的口感，也適合作為伴手禮。

☎075-561-6502 京都市東山区安井小松町564-24 ⏲10:00～18:00左右 休週四，第2、第4週三 市巴士東山安井步行5分 MAP 124 E-3

2

糯米 mochigome

4

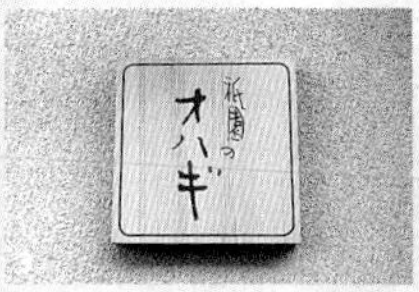

1.甜度不高、帶有食材原味的萩餅1個170日圓〈僅白豆的200日圓〉　2.色彩繽紛的萩餅共有8種　3.店家就在安井金毘羅宮附近　4.也可於店內吧檯享用（人多時不可內用）

3

1.店家由屋齡約100年的町家翻修而來，呈現既雅緻又時尚的氛圍　2.和悅子佐日本酒套餐1080日圓，意外的搭配讓人發覺日本酒的嶄新魅力　3.「クリーミーきなこ」918日圓，含甜酒義式冰淇淋和丹波產黑豆粉等，十分可口

2

甜酒 amazake

|| 御所西 ||

おづKyoto -maison du saké-
おづキョウトメゾンドゥサケ

釀造銘酒「白鹿」的辰馬本家酒造經營之商店&文化教室。在咖啡廳裡品嚐到日本酒的全新魅力，此外還有內含甜酒義式冰淇淋的「クリーミーきなこ」等，多種此店的獨家甜點。

☎075-411-4102 京都市上京区近衛町25 ⏲11:00～19:00（L.O.18:00）休週二 地下鐵丸太町站步行10分 MAP 124 D-2

在夢二的美女畫像包圍之下
徜徉於充滿大正浪漫時光裡

|| 東山 ||

夢二カフェ 五龍閣

ゆめじカフェごりゅうかく

從清水坂拐進旁邊的小巷裡，在這能望見一棟彷彿讓時空靜止的洋樓。此店的推薦商品為採用自製豆腐和豆漿的甜點。是間能讓人悠然品嘗好東西的咖啡廳。

☎075-541-7111 ⌂京都市東山区清水寺門前 ⏲11:00～L.O.17:00 休不定休 🚶市巴士五条坂步行8分 MAP124 E-3

1.骨董家具和彩繪玻璃引人進入竹久夢二的世界　2.建築物由武田五一設計，現已登錄的日本有形文化財　3.豆漿布丁聖代720日圓，淋上黑糖蜜後享用入口即化的豆漿布丁和現炸豆腐多拿滋

豆腐 tofu

|| 一乘寺 ||

むしやしない

一盒雋雅的甜點
讓您遍嘗京都韻味

想吃到量少卻種類多的甜食！此店正是用健康的豆漿甜點來回應這種少女情懷。朝氣蓬勃的甜點師以國產大豆製成甜品，呈現出令人驚艷的甜味和濃郁口感，在當地也大受歡迎。務必嘗嘗京都的高雅風味。

☎075-723-8364 ⌂京都市左京区一乗寺里ノ西町78 ⏲10:00～L.O.19:30 休週一（逢假日則翌日休），有其他臨時休 🚶叡電一乘寺站即到 MAP124 E-1

1.除西點塔和蒙布朗外，還放了上賀茂番茄鹹派及黑七味派等的「むしゃ花こふれLunch」3240日圓（限定內用），附香濃豆渣茶，需預訂　2.也設有露天座位　3.紐約SOY乳酪蛋糕432日圓。也有各式不含容易造成過敏食材的蛋糕

商務地段的綠洲
翠綠源頭為抹茶天地
3

2

1

|| 烏丸御池 ||

茶寮 翠泉 烏丸御池店

さりょうすいせんからすまおいけてん

翠泉以小小驚奇滿足顧客的視覺與味蕾，例如咖啡廳本身樣貌明明相當時髦，卻還是會在某些地方讓人會心一笑。當然抹茶呈現的都是道地的微苦口感和濃郁風味。

☎075-221-7010 ⌂京都市中京区両替町通押小路上ル金吹町461 烏丸御池メディカルモール1F ⏰10:30～L.O.17:30 休週二（7～11月無休）‼地下鐵烏丸御池站步行5分 MAP124 D-3

1.備受喜愛的角色化為立體拉花。濃郁抹茶拿鐵（3D藝術）700日圓 2.融合和風的店內 3.抹茶的翠綠與冰淇淋的潔白層層交疊的抹茶蛋糕聖代1480日圓。現在還有搭配抹茶湯圓，吸引力更加提升

抹茶 matcha

從高優質的濃醇抹茶甜點中
感受茶葉批發商的心意
1

|| 三十三間堂 ||

茶匠 清水一芳園 京都本店

ちゃしょうしみずいっぽうえんきょうとほんてん

來到此店感覺會不禁愛上道地的抹茶風味和微苦口感。據說1條蛋糕捲居然需要10杯薄茶的抹茶分量。充分了解茶葉的專業師傅們，以最上等的食材製作聖代、刨冰及提拉米蘇。

☎075-202-7964 ⌂京都市東山区本瓦町665 ⏰11:00～17:00 休週一（逢假日則翌日休）‼市巴士東山七条即到 MAP124 E-4

2

3

1.「抹茶蛋糕捲霞的」724日圓，在綿密細緻的海綿蛋糕，抹上飄散微微法國人頭馬白蘭地酒香白餡 2.寧靜沉穩的和風時尚空間 3.位在三十三間堂附近

輝映季節的京都甜品　『琥珀流』粉絲俱樂部

大極殿本舗六角店　甘味処 栖園

だいごくでんほんぽろっかくみせあまみどころせいえん

‖烏丸御池‖☎075-221-3311 ⌂京都市中京区六角通高倉東入ル南側 ⏲10:00～17:00（販售9:00～19:00）
休 週三 👣地下鐵烏丸御池站步行6分 MAP 124 D-3

深受甜品愛好者喜愛　每月更換的魅力糖蜜

以「蜂蜜蛋糕的栖園」之名深受喜愛的甜點鋪，創業於1885（明治18）年。正面寬大的京都町家大門上，經常懸掛著輝映季節的店頭布簾。和菓子也一樣重視四季流轉。「琥珀流」這道每月更換種類的甜點，以寒天及糖蜜搭上散發濃濃季節感的配料而成。走趟町家，享受小庭院吹來輕撫臉頰的微風，品嘗映照在小小玻璃杯中的歲時紀錄。

TASTE OF THE FOUR SEASONS
店内首見的
西式琥珀流
FEBRUARY
L.可可粉
圓潤口感堪稱絕品
鮮奶油X白味噌
JANUARY
K.白味噌
讓人感受到
春意盎然的
蜜漬八重櫻
APRIL
B.櫻花
簡單的甜蜜滋味
溫暖的心房
MARCH
A.甜酒
精心燉煮的黑豆
讓人沉澱心緒
DECEMBER
J.黑糖
品味高級
宇治抹茶的
香醇濃郁
MAY
C.抹茶
冬
winter
春
spring
autumn
秋
summer
夏
享用兩種
迥異的口感
NOVEMBER
I.柿子
以葡萄乾
畫龍點睛
SEPTEMBER
G.葡萄
外觀、視覺都很清涼
非常適合炎炎夏日
JULY
E.薄荷
降低甜味
呈現成熟口感
JUNE
D.梅酒
令人心喜的
大顆栗子
OCTOBER
H.栗子
請細細品味
每個季節
享用麥芽的
溫潤美味
AUGUST
F.麥芽膏

老闆娘 芝田泰代女士

A.橘子凍增添清爽口感的冷甜酒（3月中旬起可能變更為櫻花口味）　**B.**糖蜜像是涓涓細流輕輕竄過粉紅花瓣，比擬為小石子的紅豆在水底閃閃發光　**C.**彷彿在品嘗抹茶，具有深度的微苦口感讓人大大滿足　**D.**在輕輕擺放的梅果上，淋下滿滿自家釀造的上好梅酒　**E.**添加汽水後更是提升薄荷的清涼口感　**F.**嘗得到生薑美味的純正麥芽膏。溫潤口感令人精神大振　**G.**多汁的信州產葡萄及Q彈寒天帶來入口即化的美味　**H.**使用秋天收成的栗子和紅豆。感謝店家讓顧客可大啖豐收之秋的美味　**I.**黏稠的江戶柿和富有柿具有微脆口感，令人期待　**J.**品嘗擁有豐富大自然滋味的沖繩波照間產的黑糖風味　**K.**將慶祝新春的京都白味噌雜煮製成甜點，加入甘甜的金時紅蘿蔔，增添風采　**L.**肉桂風味的碎年糕與蛋白霜能夠調和可可的甜味　全品項660日圓

點心×日本茶

搭配講究的日本茶
平靜度過療癒的甜點時光

京都的日本茶咖啡廳和老茶鋪，活用古雅的町家，營造充滿歷史風情的氣氛，極具魅力。不妨一邊感受光陰流逝，一邊享用道地的日本茶和點心，藉此好好體驗古都情趣。

能夠充分品味日本茶魅力的老店

馳名日本國內外的日本茶專賣店。咖啡廳位在氣氛莊嚴的京都本店內，於此選好喜愛的茶葉後，店員會仔細講解沖泡方式。學習如何沖得一壺好茶的同時，也能享受和菓子及日本茶的絕妙搭配。

Sencha-hosen set 156yen

|| 寺町 ||

一保堂茶舖

☎075-211-3421
⌂京都市中京区寺町通二条上ル
⏰販售9:00～18:00，咖啡廳嘉木10:00～18:00(L.O.17:30) 困無休 地下鐵京都市役所前站步行5分 MAP 124 D-2

1.重新體認到滋潤五感的茶葉魅力 2.店頭布簾10～5月為茶色，5月中旬的新茶上市後起至9月則換掛白色

深深愛上濃郁抹茶的豐富滋味

製茶老鋪丸久小山園直營店內附設的品茗空間。除抹茶蛋糕捲這項招牌甜點外，冬天的紅豆善哉等季節性甜點也備受歡迎。於此品嘗運用抹茶原本撲鼻香氣、濃郁味道帶出的甜蜜滋味，以及現打的抹茶，如此的時光正是所謂的幸福。

|| 烏丸御池 ||

丸久小山園 西洞院店 茶房「元庵」
まるきゅうこやまえんにしのとういんてんさぼうもとあん

☎075-223-0909 京都市中京区西洞院通御池下ル西側 茶房10:30～L.O.17:00 休週三（逢假日則營業） 地下鐵烏丸御池站步行6分 MAP124 D-3

1.店家翻修自町家的和風時髦樣貌　2.抹茶蛋糕捲套餐有8種飲品可供挑選。照片中為店頭限定的抹茶「雅之院」

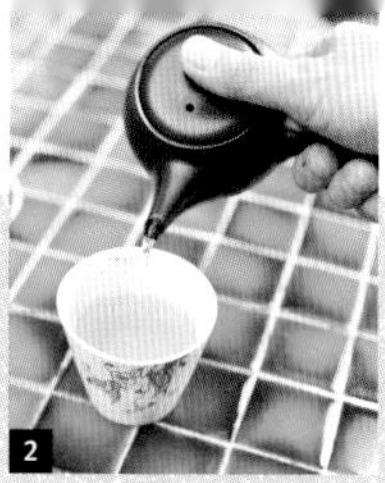

1.原創煎茶750日圓，內含栗子的抹茶白湯圓善哉「朧月」600日圓　2.店員會講解沖泡方式　3.情調莊嚴的大門外觀　4.來上一杯僅能在此品嘗到的茶品　5.上林春松本店「琵琶之白」的枯山水攏盤歐培拉蛋糕700日圓

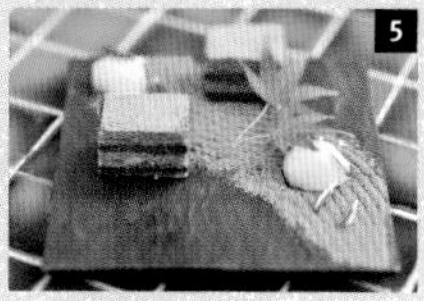

於450年歷史的老店享用一杯極品好茶

宇治老茶鋪上林春松本店一手打造的日本茶專賣店，於此能品嘗到煎茶、玉露等用茶壺沖泡的極品日本茶，還可搭配原創的抹茶甜點一起享用。來趟舊時日式倉庫翻修的摩登店內，悠閒度過古都美好光陰。

|| 東山 ||

Salon de KANBAYASHI 上林春松本店
サロン・ド・カンバヤシかんばやししゅんしょうほんてん

☎075-551-3633 京都市東山区下河原通高台寺塔之前上ル金園町400番1アカガネリゾート京都東山1925内 11:30～17:00 休週二，週六日及例假日不定 京阪祇園四条站步行12分 MAP124 E-3

獨具個性的刨冰，深夜也能享用

位於白川沿岸的PASS THE BATON，是重新設計屋齡120年町家而來的古物精品店，內部同時開設了本咖啡廳酒吧。引人注目的是僅有這裡品嘗得到的刨冰，全年供應，無論是白天還是深夜皆可點享用。

|| 祇園 ||

お茶と酒 たすき
おちゃとさけたすき

☎075-531-2700 京都市東山区末吉町77-6 咖啡品茗11:00～19:00(L.O.18:30)，酒吧21:00～翌2:00(L.O.翌1:30) 休不定休，酒吧週三 京阪祇園四条站步行3分 MAP124 E-3

1.抹茶蜜附煉乳1188日圓，蓬鬆口感好像會一吃上癮　2.原創茶品756日圓的套餐中，刨冰及骨董器皿引人矚目　3.過橋前往玄關

盡情享用老鋪×名店聯名的餐點

世界聞名、日本歷史最悠久的茶罐專賣店開化堂所開設的咖啡廳。店家備有チーズガーデン的原創蛋糕、HANAKAGO的麵包、Postcard Teas的紅茶和中川ワニ珈琲的咖啡等，與各式名店聯名的豐盛品項。牆面上展示的藝術茶罐也是值得欣賞。

|| 七条河原町 ||

Kaikado Café
カイカドウカフェ

☎075-353-5668 ⌂京都市下京区河原町通七条上ル住吉町352 ⏲10:30～19:00（L.O.18:30）㊡週四，第1週三 🚶京都站步行13分 MAP 124 D-4

1

2

1.乳酪蛋糕540日圓，英式早餐茶（阿薩姆、喀拉拉）756日圓 2.由老店開化堂的資深工匠，製作出外型美麗的茶罐 3.房屋翻修自明治時代的建築物，原是市電車的車庫兼辦公室 4.白色牆壁映襯出具有溫度的木質餐桌及櫃架

點心×紅茶

悠哉度過午茶時光

在咖啡廳眾多的京都裡，依舊存在極其講究茶葉香氣、產地、製法和沖泡方式的紅茶&花果茶店家。本篇聚焦推薦喝茶的好去處。

3

4

2

1

3

品味絢爛香氣與抹茶甘甜

手巾專賣老店「永樂屋細辻伊兵衛商店」所打造出的咖啡廳。在紅茶名牌曼斯納的合作下，販售超過15種多樣的花草茶和招牌鬆餅。茶壺罩及店內四處可見的手帕、毛巾等商品也相當吸引人。

|| 祇園 ||

ほそつじいへえ TEA HOUSE supported by MLESNA
ほそつじいへえティーハウスサポーテッドバイムレスナ

☎075-551-3534 ⌂京都市東山区祇園町北側242 ⏲10:30～L.O.19:00 ㊡無休 🚶京阪祇園四条站步行2分 MAP 124 E-3

4

1.現烤的茶香費南雪配熱茶的套餐1296日圓 2.使用宇治通圓的有機抹茶製成的甜品，味道層次豐富 3.牆壁上裝飾著觀賞用的手巾，營造情調 4.象徵曼斯納的紅色茶罐和茶壺

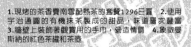

悠然品味店家自製的花果茶

佇立於西陣、鄰近晴明神社的花果茶藝術沙龍。在夫妻經營的這間店中，除秤重販售約15種自有品牌的花果茶外，還設有能放鬆休憩的品茶空間。花果戚風蛋糕套餐廣受顧客喜愛。

|| 西陣 ||

たま茶
たまちゃ

☎075-201-3548 ⌂京都市上京区上長者町通日暮東入須浜東町448 ⌚12:00～18:00（L.O.17:30）㉁週四、五，其他不定休 👣市巴士大宮中立売步行3分 MAP124 D-2

1.西山善喬先生和西山珠日小姐夫妻　2.即使是茶葉狀態色彩依舊繽紛的花果茶。幫助排毒和提升代謝力等目的調合　3.花果茶和自製花果戚風蛋糕套餐1100日圓～　4.外觀散發京都町家風情，門扉及招牌皆採木製設計，讓人能感受到溫度

與紅茶相襯的復古空間

品茶空間內藍×白的復古時尚裝潢十分可愛。於此可以品嘗一杯杯費時精心萃取出的上等紅茶，和味道柔順的店家自製甜點。店主推薦的當季紅茶和經典茶款等優質茶葉也值得注意。

|| 御所南 ||

MISSLIM
ミスリム

☎075-231-4688
⌂京都市上京区河原町通丸太町下ル伊勢屋町400
⌚13:00～20:00（L.O. 19:00）㉁週四，第1、第3週五 👣京阪神宮丸太町站步行5分 MAP124 D-2

1.裝潢是以英國統治時期的印度風格為設計意象　2.以店主獨家萃取方式精心沖泡
3.「玫瑰牆」紅茶和司康餅套餐1280日圓

能夠觀賞可愛的拉花藝術

此咖啡廳佇立於小巷之中，宛如秘密基地般的店家。店內統一為木製家具及地板，感受到木頭散發出的溫暖。讓人開心的是，由於拿鐵咖啡是以飯碗裝盛，因此可製作出大大的拉花圖樣。

|| 木屋町 ||

mag
マグ

☎075-746-4871 ⌂京都市中京区木屋町通四条上ル下樵木町191-3 🕒11:00～20:00（L.O.19：45）休週二 👣阪急河原町站步行4分 MAP124 E-3

1.可愛的拉花藝術令人欣喜，可搭配店家自製的蛋糕慢慢品嘗　2.獨自打點咖啡廳的店主真重亞鶴紗小姐　3.像是秘密基地的咖啡廳外觀。寫有菜單的立式招牌和自行車是辨別的標的

點心×咖啡

放鬆享受咖啡時光

在咖啡熱潮席捲下，以陸續開設的正統咖啡師店家為首， 還有具備迷人定位的咖啡廳、維持舊時風情的咖啡廳……等。在此為您介紹京都獨特的多樣咖啡空間。

1.咖啡為淺烘焙，味道不濃苦。可搭配當季甜點一起享用　2.老闆娘的手工甜點十分受到歡迎。蛋糕套餐870日圓～　3.老闆中島優先生與老闆娘真由子小姐，兩人不疾不徐的經營氛圍，魅力十足

靜謐中品嘗的一杯極品

簡約的裝潢採用白色與藍灰色作為基調，刻意不播放音樂的店內，輕輕響著磨咖啡豆等的聲音，客人能夠悠哉地享用咖啡。老闆娘以前是甜點師傅，由她手工製作的蛋糕也非常適合搭配咖啡。

|| 一乘寺 ||

アカツキコーヒー

☎075-702-5399 ⌂京都市左京区一乗寺赤ノ宮町15-1 🕒9:00～L.O.17:00 休週日，第2週三，會有臨時公休 👣叡電一乘寺站步行7分 MAP124 E-1

於賀茂川悠然野餐

每次點餐後店家才會開始現磨豆子，務必品嘗現磨咖啡帶有的深層口感與美味。天氣晴朗時可帶著裝滿保溫瓶的咖啡，和擺滿烘焙甜點的野餐籃，到賀茂川邊享受美好的咖啡時光。

|| 北大路 ||

WIFE&HUSBAND
ワイフアンドハズバンド

☎075-201-7324 ⌂京都市北区小山下内河原町106-6 ⏲10:00～17:00（L.O.16:30）休不定休 👣地下鐵北大路站步行4分 MAP124 D-1

1在骨董家具飾品的包圍下，心緒變得懷舊　2.野餐籃1080日圓（1.5小時。L.O.15:30），也可租借桌椅　3.懸掛於屋簷下的椅子令人印象深刻

1.咖啡500日圓及酥脆焦糖布丁400日圓　2.由矮腳桌和榻榻米等和風物品為主題的空間，讓人可鬆口氣歇息片刻　3.店頭布簾上的手寫風格文字很有溫度

邊眺望高瀨川邊放鬆小歇

店主親手翻修自古宅的咖啡廳，顧客能於榻榻米、矮腳桌等構成的和風空間中舒適享受休憩時光。開店前就已當成興趣製作的自家烘焙咖啡，酸味不強，口感清爽。

|| 西木屋町 ||

喫茶 上る
きっさあがる

☎無 ⌂京都市下京区西木屋町通仏光寺上ル市之町260 ⏲17:00頃～23:00（L.O.22:30）休週四，第1週三 👣阪急河原町站步行5分 MAP124 D-3

享用一杯客製化的沖泡咖啡

創業於1950（昭和25）年的老咖啡廳。顧客只要告知酸味、苦味等喜好，店家便會按照要求調製，提供一杯獨特的咖啡。店家接單後才會磨豆，一杯杯耗時精心沖泡的咖啡擁有眾多老顧客。品嘗時可搭配手工多拿滋。

|| 河原町 ||

六曜社 地下店
ろくようしゃちかてん

☎075-241-3026 ⌂京都市中京区河原町通三条下ル大黒町36 B1F ⏲12:00～18:00，酒吧18:00～23:30（L.O.23:00）、休週三 👣市巴士河原町三条即到 MAP124 D-3

1.極富情調的店內，彷彿穿越時空回到昭和年代　2.特調咖啡500日圓與多拿滋150日圓　3.位在細長階梯的底端

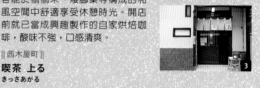

一瞥店家布簾的京風景

可說是店家門面的店頭布簾
雖然簡樸卻有許多令人印象深刻的設計
替古都街景增添不少風采

2

1

4

3

6

5

1.二條若狭屋。從中央獨樹一格的燈籠和雅緻的布簾上，能夠感受到歷史的氛圍　2.大極殿本舖六角店會依季節更換不同圖案　3.附設「お茶と酒　たすき」的PASS THE BATON將店名設計為圖案　4.鍵善良房紅底黑字的商標引人目光　5.塩芳軒使用從本店塩路軒所分來的分支布簾，店家認證的「長布簾」軒　6.中村藤吉平等院店搭配店内盎然的綠意，給人神清氣爽的感覺

走趟京都點心之旅

40
祇園

46
河原町及烏丸

54
寺町通

60
出町柳

66
上七軒及北野

72
岡崎

78
宇治

84
二条城

90
嵐山

94
抹茶at寺院

98
絕景咖啡廳

祇園

gion

雍容華貴的舞妓漫步於祇園，那裡是個夢幻世界。
無論在哪個時代，她們以茶和點心熱情款待。
小小的甜點中，也閃耀著花街的華麗。

穿過細長小路後就是嚮往的祇園白川

圓山公園的枝垂櫻將春天夜晚染得微紅

舞妓也會上門的甜點店「ぎおん徳屋」

燈籠上的丸子圖樣是祇園甲部的標章

八坂神社是守護祇園的氏神

去「PASS THE BATON」購物

花見小路是祇園的主要街道

遊逛小巷是樂趣之一

在白川潺潺細流中悠哉玩樂的鷺鷥

無論何時到訪都適合拍照的巽橋

町家咖啡廳的先驅「ぎをん小森」

替花街增添色彩的大紅茶花

花街源自大門前茶屋 漫步其中樂逍遙

自八坂神社大門前向外延伸的祇園，充滿古都風情。從前在參拜道路上，茶屋中拿茶水招待過往行人的女性，不知曾幾何時開始用歌舞款待參拜信衆，據說這就是舞妓的濫觴。茶屋不久後也變為舞妓的根據地，裝修得美輪美奐，以精挑細選的菜餚與茶點接待衆恩客及文人雅士。

走在街上，可以發覺祇園四處散落著各式大小咖啡廳。穿著便服的舞妓，或許就正在還留有些許復古氣息的店家內小歇；穿過古雅的町家布簾後，可能是間甜點店；裝潢時髦的咖啡廳，也常常是和菓子老店嘗試經營的店家。但是無論今昔，專業點心師的信念都未曾改變。他們以慎重揀選的食材製作甜點，店內裝潢和裝盛器皿都十分講究，甚至會顧慮到包裝成品的小盒子或紙材。茶屋為了給予客人別出心裁的服務，透過專業師傅的精湛手藝，獻上片刻的幸福好滋味。

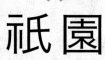

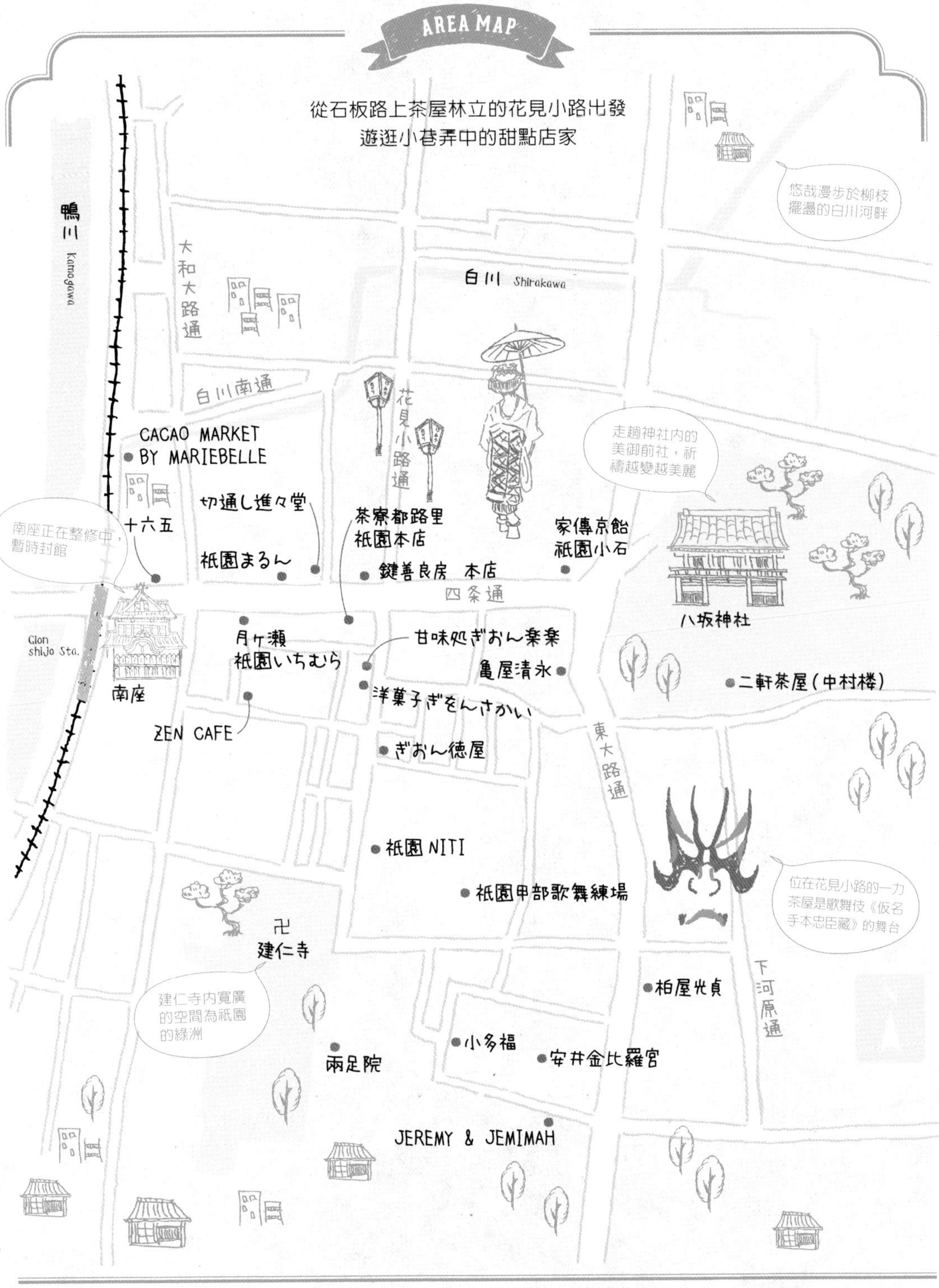
AREA MAP
從石板路上茶屋林立的花見小路出發
遊逛小巷弄中的甜點店家
悠哉漫步於柳枝擺盪的白川河畔
鴨川 Kamogawa
大和大路通
白川 Shirakawa
白川南通
花見小路通
CACAO MARKET BY MARIEBELLE
切通し進々堂
走趟神社內的美御前社，祈禱越變越美麗
南座正在整修中，暫時封館
十六五
茶寮都路里 祇園本店
家傳京飴 祇園小石
祇園まるん
鍵善良房 本店
四条通
八坂神社
Gion shijo Sta.
月ヶ瀬
祇園いちむら
甘味処ぎおん楽楽
亀屋清永
二軒茶屋(中村楼)
南座
洋菓子ぎをんさかい
ZEN CAFE
東大路通
ぎおん徳屋
祇園NITI
祇園甲部歌舞練場
位在花見小路的一力茶屋是歌舞伎《仮名手本忠臣藏》的舞台
卍
建仁寺
下河原通
柏屋光貞
建仁寺內寬廣的空間為祇園的綠洲
小多福
安井金比羅宮
兩足院
JEREMY & JEMIMAH

1.店內設有一般座位和榻榻米座位，並以寫有舞妓名字的圓扇裝飾房間　2.宇治紅豆冰918日圓，滑順豆餡和清爽刨冰的組合令人食指大動　3.店前的石板空間引人進入面向四条通的店內　4.最受歡迎的餡蜜810日圓。愛上這份簡樸的味道後，來吃幾次都不會膩

2

1

迷戀餡蜜的順口豆沙餡

眼前是晶瑩剔透的寒天、粒粒分明的紅碗豆，還有綿密的豆沙餡，此刻為甜點鬆緩心靈的瞬間。和菓子店建於昭和初期，其中的小小茶房廣受好評，如今上門的顧客裡甚至擁有橫跨祖孫3代的愛好者。

除了招牌的餡蜜外，還有夏季沁涼的刨冰，和冬季暖心的紅豆善哉，每樣餐點都是充滿懷舊氣息的簡樸好味道。在時間緩慢流逝的店內，度過閑靜的片刻時光。

4

3

つきがせぎおんいちむら

月ヶ瀬 祇園いちむら

☎075-525-2131 ⌂京都市東山区祇園町南側584 ◷12:00～19:00 休週三、第1週四 京阪祇園四条站即到 MAP41

撩撥少女情懷的巧克力工坊

來自紐約的巧克力工坊MarieBelle開設的副牌店鋪，在天使起舞、古色古香的店內，吸引目光的是散裝販售的巧克力球，叫人不禁覺得色彩鮮艷的唯美巧克力，該不會是天使費了番功夫製作出來的產品。咖啡廳「ANGEL LIBRARY」販售的白巧克力令人躍躍欲試，還可在地下樓層，品味可可的深度風味和即溶口感。

カカオマーケットバイマリベル

CACAO MARKET BY MARIEBELLE

☎075-533-7311 ⌂京都市東山区常盤町（大和大路通）165-2 ⓛ11:00～20:00 ㊡週二 ‼京阪祇園四条站即到

MAP 41

1.佇立於白川河畔的復古大樓，牆上的大時鐘留下時間的軌跡　2.可挑選濃度與香氣的熱巧克力810日圓～　3.可嘗到巧克力碎片的西西里島甜點卡諾里卷378日圓　4.扭動把手後巧克力便會陸續掉出，巧克力球的散裝販售為100g1080日圓

必有排隊人龍的甜點店中品嘗蕨餅

傍晚時分，舞妓來來往往的花見小路上，排隊人潮的盡頭是以本蕨餅粉及和三盆糖精心製作的蕨餅，嚼勁十足的彈牙，吃完之後口齒留香。另外裝盛的大豆粉點心則是壓成花朵形狀，如此雅緻的呈現手法實在讓人不禁讚嘆。由於能在桌上邊烤小麻糬邊享用，因此可和三五好友大聊特聊。推薦來此盡情品嘗蘊含祇園風采的各式餐點。

1.花見套餐1500日圓，可依喜好任意搭配紅豆湯（或紅豆善哉）、大豆粉點心、海苔、甜醬油、佃煮和現烤麻糬　2.附上大豆粉、黑糖蜜、顆粒豆餡的本蕨餅及本葛餅套餐1300日圓　3.明亮悠閒的桌子座位　4.入口處掛有舞妓的訓練課程

ぎおんとくや

ぎおん徳屋

☎075-561-5554 ⌂京都市東山区祇園町南側570-127 ⓛ12:00～18:00（售完打烊）㊡不定休 ‼京阪祇園四条站步行5分

MAP 41

在雅緻的空間中享受沉澱心靈的片刻

和菓子老舖鍵善良房一手打造的時尚咖啡廳。店內舉凡裝潢、裝盛器皿，一切都像是要漂亮展示出自家甜點的舞台。務必品嘗這裡的葛餅，其原料與總店的葛粉條相同，皆採用吉野葛。於此般空間中會讓人想要點杯咖啡而不是抹茶，真是不可思議。愛上咖啡滑順入喉的絕佳口感後，下次到訪時還會想要再來一杯。

ゼンカフェ

ZEN CAFE

☎075-533-8686 ⌂京都市東山区祇園町南側570-210 ⏲11:00～17:30 休週一（逢假日則翌日休）‼京阪祇園四条站步行3分 MAP41

1.光線從窗戶灑入店內，在此度過恬靜時光　2.水果三明治1200日圓，夾心食材會依季節變化　3.特製葛餅套餐1500日圓　4.摩登的店家外觀

綻放京都糖果店的精湛手藝

內售各式充滿原創風格的甜品，全都淋上滿滿京都糖果師調製的密傳黑糖蜜。無論點用刨冰、寒天，還是果凍、冰淇淋，每一樣都擁有出色的黑糖芳醇香氣及清爽尾韻，令人印象深刻，也不難理解店家為何會如此受到舞妓的青睞。

かでんきょうあめぎおんこいし

家傳京飴 祇園小石

☎075-531-0331 ⌂京都市東山区祇園町北側286-2 ⏲10:30～18:00（視季節而異）休無休 ‼京阪祇園四条站步行8分 MAP41

1.黑糖戚風聖代1080日圓，滿是鬆軟綿密的黑糖戚風蛋糕和黑糖蜜凍　2.咖啡廳空間位在1樓店鋪裡側和2樓

走趟八坂神社大門前茶屋，享受無比幸福的時光

在八坂神社祈求神明後，吃道甜點歇息片晌。據說以前路上行人都會忍不住駐足於此欣賞速切田樂烤豆腐的表演，此間茶屋至今仍屹立在表參道上。店家翻修自舊時日式倉庫，相當有氣氛，在如此的空間裡能夠享用招牌餐點田樂烤豆腐。

にけんちゃやなかむらろう

二軒茶屋（中村楼）

☎075-561-0016 ⌂京都市東山区祇園八坂神社鳥居内 ⏲11:00～19:00 休週三 ‼京阪祇園四条站步行10分 MAP41

1.優質裝潢也極具魅力。能夠俯瞰八坂神社的鳥居　2.抹茶聖代1250日圓，內含抹茶冰淇淋、蕨餅及小白湯圓等豐盛的配料

co-Trip 街角時報 祇園

石板小路兩旁宛如點心的時空膠囊，尋覓得千年前的傳統菓子，也能邂逅時下最流行的甜點。

與「饅頭始祖」相關的寺院

距今660年前的室町時代，有位在中國禪修的僧侶回到了日本。同一時間，慕名而來的弟子林淨因到日本，為無法食用葷食的眾僧侶，調整中國包肉饅頭的做法，改以紅豆餡作為內陷。當時的寺院也是權貴階級的社交場所，所以淨因製作的鬆軟甜饅頭馬上大受歡迎。過沒多久，他的師父龍山德見禪師下葬於建仁寺後，墓地所在處便成為兩足院。爾後，淨因的某位子孫出家為僧並守護兩足院，另外一位後代則開設了饅頭老店「塩瀨」。

兩足院為環繞建仁寺的塔頭小寺之一

りょうそくいん
兩足院

☎075-561-3216 京都市東山区大和大路四条下ル小松町 建仁寺山内 10:00～16:00（辦事處）休須詢問 ¥坐禪體驗1000日圓 京阪祇園四条站步行7分 MAP41

超過千年歷史！遣唐使帶回的唐朝點心

「清淨歡喜團」是奈良時代遠渡重洋而來的點心，過去原是獻給佛祖的供品，並非能入庶民口中之物。此種點心於餡料內揉入白檀、冰片、丁香等7種代表「清淨」的香粉，用麵皮包裹，再以芝麻油酥炸，酥脆口感猶如花林糖，讓人一吃上癮。現今是種極為少見的品項，僅能在此購得。

清淨歡喜團 1個540日圓，荷葉束口包的外型為正字標記

かめやきよなが
亀屋清永

☎075-561-2181 京都市東山区祇園町南側534 8:30～17:00 休週三，其他不定休 市巴士祇園即到 MAP41

京都王道伴手禮 抹茶年輪蛋糕的升級版本！

漸漸成為京都新招牌伴手禮的抹茶年輪蛋糕「京ばあむ」，出現了升級版本。毫不手軟地添加宇治抹茶老舖「森半」的抹茶，是道精心烘烤的極品蛋糕。濃郁的抹茶苦味和京都產豆漿的柔順風味，交織出細緻的口感。

改變抹茶種類及烘焙火侯，使抹茶風味更為豐富

升級版抹茶年輪蛋糕「圓緑」1944日圓，為花見小路店限定商品

ようがしぎをんさかい
洋菓子ぎをんさかい

☎075-531-8878 京都市東山区祇園町南側570-122 11:00～19:00 休無休 京阪祇園四条站步行5分 MAP41

京都棉花糖專賣店開張

安井金比羅宮附近開設了京都棉花糖專賣店。有抹茶、櫻餅、大豆粉黑糖蜜3種口味，成品重現粉彩色調與食材本身風味，堪稱大人系棉花糖。是種融合懷舊及創新的甜點，給人全新的感受。

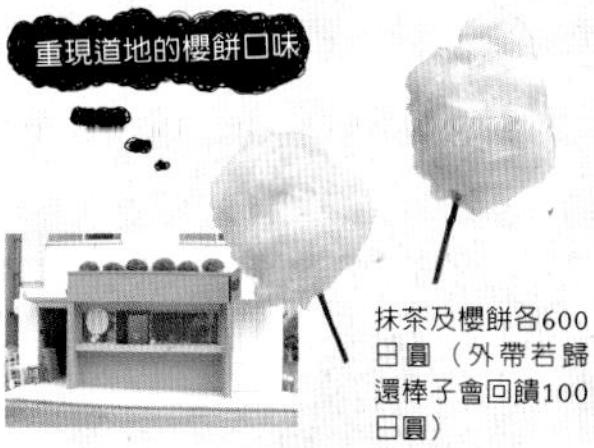

抹茶及櫻餅各600日圓（外帶若歸還棒子會回饋100日圓）

ジェレミーアンドジェマイマ
JEREMY & JEMIMAH

☎090-7357-3825 京都市東山区東山安井下弁天町51-4 11:00～16:00（週六、日、假日～17:00）休週三 市巴士東山安井即到 MAP41

可愛的點心 Collection

匯集祇園精華
收到會令人開心的
五彩繽紛伴手禮

切通し進々堂的「紅的」和「綠的」各350日圓

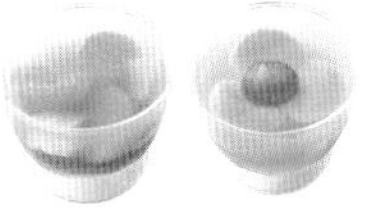

☎075-561-3029 京都市東山区祇園町北側254 10:00～16:30（販售～18:00左右）休週一 京阪祇園四条站步行4分 MAP41

祇園まるん的 小雞和風棉花糖 1盒951日圓

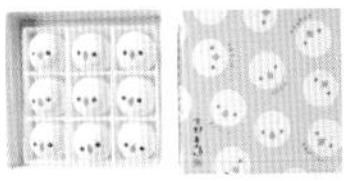

☎075-541-8300 京都市東山区祇園町北側245 11:00～19:00 休週三（不定休）京阪祇園四条站步行2分 MAP41

柏屋光貞的寒天和菓子「おおきに」 1盒1150日圓

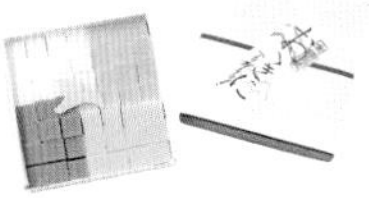

☎075-561-2263 京都市東山区安井毘沙門町33-2 10:00～18:00 休週日、假日 市巴士東山安井步行2分 MAP41

十六五的 千代紙雙層小點 410日圓

☎075-561-0165 京都市東山区四条通大和大路西入ル中之町212 10:00～21:00 休無休 京阪祇園四条站即到 MAP41

河原町及烏丸

kawaramachi・karasuma

論及京都地區的流行指標中心就是河原町。
無論是時尚、美食，還是文化、音樂，
都讓目光無法離開這個最新潮流的聚集地。

遊逛錦市場探尋美食

前身為報社的1928大樓

四条河原町的十字路口

吸引目光的紅磚建築京都文化博物館別館

街區中的綠洲－「六角堂」

拱頂商店街新京極通

匯集京都最新流行的街區地帶

想要邂逅嶄新、令人興奮的事物，首推到訪此區。在這個地下鐵和阪急線車站環繞的區域中，心所屬意的物品目不暇給。首先就從京都的主要街道四条通邁出第一步，過去劇場小屋和電影院林立的新京極通，現在是學生畢業旅行的人氣伴手禮街。看到錦天滿宮後便往錦小路前進吧。

被喻為「京都的廚房」、人聲鼎沸的錦市場，是條長400m的拱頂商店街，超過100間專賣店進駐。不僅日本國內人士，連來自海外的觀光客都興致勃勃地來此探尋著京都的美味。

當然，也能到町家咖啡廳駐足歇息。提到這塊區域內的綠洲，首推六角堂。此處有隨風微微擺動的柳綠、可愛的羅漢雕像，也許相當適合作為早晚短程散步的地方。

然後再往北一條街的三条通，有棟特別醒目的紅磚建築，那裡是京都文化博物館別館。附近留有明治大正時期的懷舊的近代建築，飄蕩著復古的氛圍。

AREA MAP

此區簡直就是甜點天堂
肯定能夠遇上一間喜愛的店家

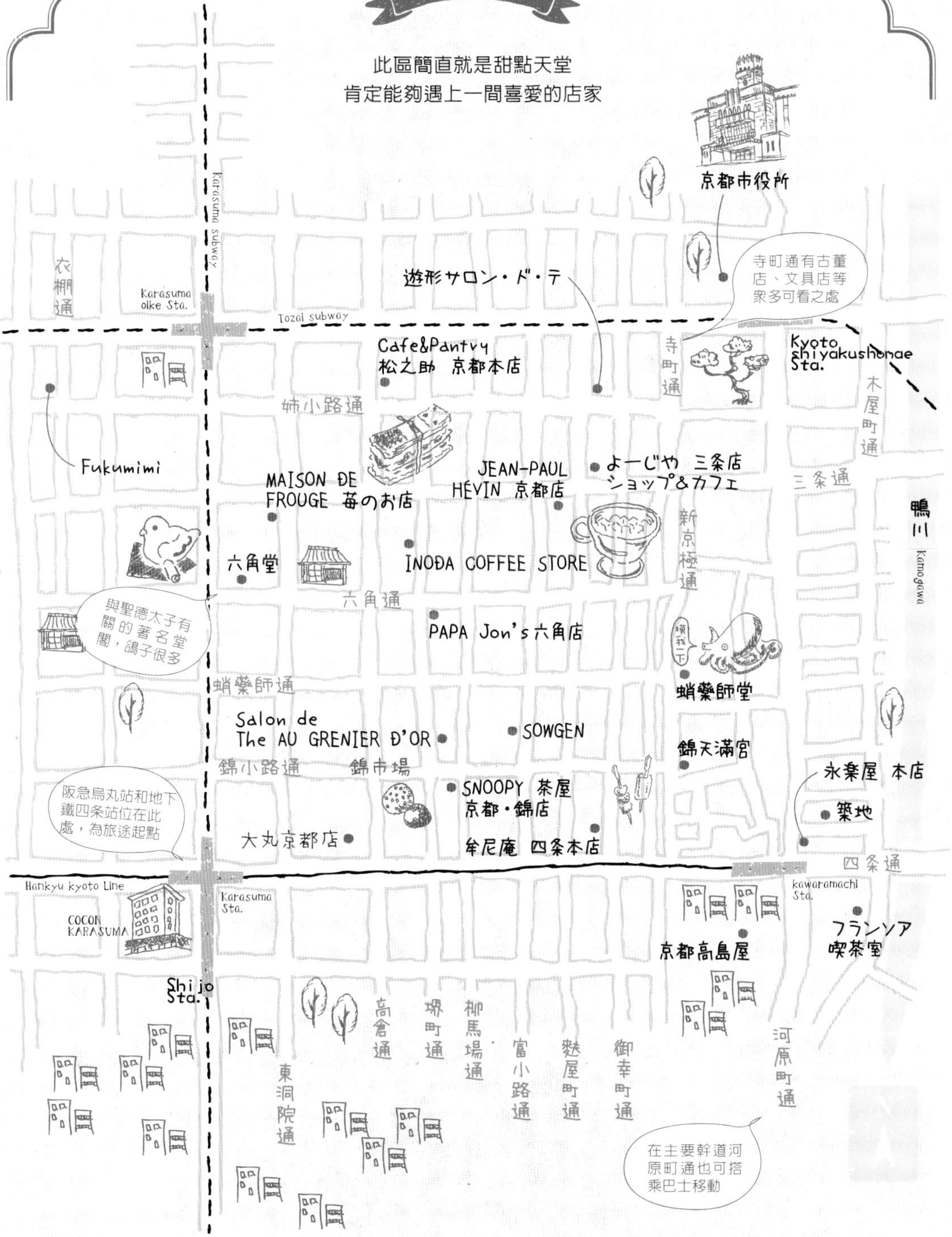

Osampo file.02 [kawaramachi·karasuma]

深深被熟透的草莓吸引
愛好草莓的師傅專為草莓愛好者製作的蛋糕

草莓在田中熟透至全紅，店主因其美味大受感動，為了讓更多人能品嘗到這種幸福，因而開設了此間甜點店。店主由於想呈現出全熟草莓本身的美味，因此店中都是樸實無華的點心，毫不標新立異。店家使用自全國蒐羅而來的全熟草莓，製成能引出最原始風味的甜點。從蛋糕、水果塔到草莓大福、最中餅，種類不分日式或西式。在特別的日子裡也能委託店家訂製蛋糕。

メゾンドフルージュいちごのおみせ

MAISON DE FROUGE 苺のお店

☎075-211-4115 ⌂京都市中京区東洞院通三条下ル三文字町201 1F ⏰11:00～19:00（咖啡廳L.O.18:30）休週一（逢假日則翌日休）地下鐵烏丸御池站步行3分 MAP47

1.擺有桌椅的咖啡廳空間 2.春季限定的草莓大福378日圓～，用白豆沙內餡和求肥麻糬仔細地包裹一顆草莓 3.門扉上吊掛著以草莓主題設計的優雅店徽 4.無論縱切或橫切都滿是草莓的草莓千層派670日圓，草莓蛋糕670日圓。繫在千層派上的緞帶更讓人感到迫不及待

2

1

融合和風的巧克力，品嘗原始的好滋味

靜謐小巷深處展開的時尚空間，是講究和風素材的甜點店。以日式意象製作的聖代，在加入白巧克力的霜淇淋上擺放可可風味的豆餡，還灑有最中餅皮與石臼研磨的宇治抹茶，與窗戶另一端的風景融為一體。可可豆茶不甜，但又有濃郁的可可香，滋味獨特。選禮送人時，不妨購買會在口中輕輕化開的松露巧克力。

むにあんしじょうほんてん

牟尼庵 四条本店

☎075-256-0200 ⌂京都市中京区御幸町通四条上ル大日町416-5
Ⓛ11:00～L.O.17:45 休週三 ‼阪急河原町站步行5分 MAP47

3

1.女性巧克力師耗費3天精心製作的一個個牟尼庵松露巧克力（9顆裝）4644日圓。單賣為四条本店限定，1顆476日圓　2.可眺望枯山水的咖啡廳座位為特等席　3.特級聖代「パフェジャポネ」&可可豆茶1080日圓

1

蛋糕如寶石般閃耀，令人無法抗拒

一踏入以黑色為基調的雅緻店內後，就可見到陳列著帶有水果鮮豔色彩的各式蛋糕，整個畫面宛如童話中的場景，使人看得入迷。水果塔分量十足，據說也有顧客因其爽口的滋味而不小心獨自吃得精光。此外，咖啡廳招牌甜點「金字塔」490日圓，總是在口中留下巧克力的濃醇餘韻，讓人印象深刻。

3

2

サロンドテオグルニエドール

Salon de The AU GRENIER D'OR

☎075-468-8625 ⌂京都市中京区堺町通錦小路上ル菊屋町519-1 Ⓛ11:00～19:00 休週三，週二或週四不定期休 ‼地下鐵四条站步行8分 MAP47

1.添加蛋奶凍高雅風味的水果塔1100日圓
2.白巧克力奶油起司蛋糕540日圓。覆盆子的酸甜滋味相當畫龍點睛
3.在能望見小庭院的座位上，悠然歇息

老牌旅館的迎賓甜點充滿京都風情

老字號俵屋旅館推出的咖啡廳，也相當受到全球名流們的青睞。當住宿客抵達旅館時，可於此處享用館方招待的「蕨餅」。裝盛在綠竹筒中的蕨餅，用筷子夾住長長拉起，放入嘴中後立即化開。一旁還附上用稻草捆形狀的干菓子，從中也能感受玩心。店家還會在餐後提供附有黑豆的熱開水，以清除口中異味，一流服務讓人感佩。

ゆうけいサロンドテ

遊形サロン・ド・テ

☎075-212-8883 ⌂京都市中京区姉小路通麩屋町東入ル北側 ⏲11:00～18:00 休週二（逢假日則營業）‼地下鐵京都市役所前站步行5分 MAP47

1.翻修自町家的白牆建築物為辨識標記　2.以北歐風骨董規劃出的空間，宛如美術館　3.蕨餅（附抹茶）2260日圓，食材採用日本國產上等大豆粉、黑糖與水

1.蘋果派（酸奶油、楓糖、焦糖、卡士達醬）各520日圓～　2.以黑白雙色為基調的外觀　3.早餐菜色（附飲料）680日圓　4.店名取自店主身為能劇服裝工匠的祖父

享用樸實的美式蘋果派 有媽媽的味道

談及美國的「媽媽味道」就是蘋果派了。松之助的派是先直接塞滿新鮮蘋果後再加以烘烤，因此能品嘗到爽脆的口感，享用時可搭配奶油來平衡紅玉蘋果的酸味。此外，店家另一道招牌餐點是味道濃厚又具有層次感的「紐約乳酪蛋糕」。同時還有提供以鬆餅等為主菜的美式早點。

カフェアンドパントリーまつのすけきょうとほんてん

Cafe&Pantry 松之助 京都本店

☎075-253-1058 ⌂京都市中京区高倉御池下ル亀甲屋町605 ⏲8:00～17:30（早餐～10:00）休週二（逢假日則營業）‼地下鐵烏丸御池站步行3分 MAP47

構思自夏威夷，分量十足的京都風鬆餅

店家以充滿南國風情的觀葉植物裝飾町家建築，裝潢採夏威夷風格。喜愛夏威夷的店主建構出這個世界，是處意外沉穩的空間。店家自豪的現烤鬆餅，口感蓬鬆溫潤。抹茶鬆餅以添有抹茶的餅皮夾入馬斯卡彭起司豆餡，再擺上大豆粉至冰淇淋及白湯圓，風格獨特。此外，早餐菜色也十分豐富，務必試試。能讓人擁有在夏威夷迎接早晨的悠閒心境。

1

2

5

4

3

フクミミ
Fukumimi

☎075-252-2933 ⌂京都市中京区姉小路衣棚西入ル長浜町143-3 ⏲9:00～21:00（早餐～11:00）㊡無休 地下鐵烏丸御池站步行5分 MAP47

1.抹茶鬆餅fukumimi風1200日圓 2.也設有榻榻米座位及2樓的沙發座位 3.巴西莓早點套餐1000日圓，內含巴西莓綜合缽、鬆餅、沙拉和奶昔，菜色豐盛 4.寬敞舒適的1樓 5.留有町家風情的外觀

4

kawaramachi · karasuma
sweets trip7

佇立於街角的復古咖啡廳像是施加過魔法一樣

在京都最繁華的四条河原町中，拐進小路來到北邊後，有間彷彿時光只在那邊暫停的咖啡廳。不規則張貼的磁磚和厚實外牆，都維持昭和初期剛創業時的模樣。流瀉出古典音樂的店內，有著中古歐洲的風情。就座後首先點杯招牌的冠軍咖啡吧，置放在湯匙上的方糖，呈現出復古咖啡廳獨有的懷舊景致。偏濃的咖啡相當適合搭配鮮奶油。

3

2

1

1.鑲金邊的咖啡杯也很有復古感，冠軍咖啡600日圓及慕斯蛋糕600日圓（飲品套餐優惠200日圓）。厚實的濃郁慕斯配上鮮紅櫻桃十分可愛 **2.**紅布椅、精緻的裝飾、使用多年的日常用品，全都典雅高尚 **3.**此為第一任店主設計的建築，店名取自第一代店主喜愛的東京築地小劇場 **4.**火柴也十分懷舊

つきじ

築地

☎075-221-1053 ⌂京都市中京区河原町通四条上ル一筋目東入ル ⌚11:00～20:30 休無休 ‼阪急河原町站即到 MAP47

備受各年齡層喜愛的骨董×咖啡廳

位在北白川的人氣咖啡廳首家分店，坐落在市區中心地帶。店家從全世界蒐羅而來的骨董、古色古香的用品和觀葉植物，一一陳列在狹小的店內，最裡側便是世外桃源般的咖啡廳。於此可以邊想像古玩擁有的故事，邊一個人度過靜謐的美好時光。

1

1.飄散成熟氛圍的店內。若是喜愛店裡的骨董，據說店家也願意割愛 **2.**毫不手軟地使用京都產抹茶的抹茶法國派450日圓

2

ソウゲン

SOWGEN

☎075-252-1007 ⌂京都市中京区高宮町573 ⌚11:30～L.O.22:00 休第2週三 ‼阪急河原町站步行10分 MAP47

發源於京都的紐約風乳酪蛋糕

店主母親現居故鄉紐約，店售的乳酪蛋糕是重現媽媽的味道，風靡京都30年。展示櫃中陳列著10種以上的乳酪蛋糕，點用任何一個都是濃郁綿密的好滋味，若是首次到訪，推薦品嘗紐約客乳酪蛋糕。此外，也有六角店的限定餐點。

1

2

1.店內裝潢採用京都產木材，暖人心房 **2.**紐約客乳酪蛋糕594日圓，帶有肉桂香的全麥餅乾派皮，豐富了使用新鮮奶油的乳酪蛋糕口感

パパジョンズろっかくてん

PAPA Jon's六角店

☎075-211-1600 ⌂京都市中京区堀之上町115 ⌚10:00～21:00 休不定休 ‼地下鐵烏丸御池站步行8分 MAP47

河原町及烏丸

京都最繁華的鬧區，從最時髦的店鋪到老店，一切應有盡有。

這裡是京都的中心區？自行移動的六角堂

一踏入山門，便可見到垂枝觸地的柳樹隨風搖曳。據說嵯峨天皇獲得夢境的啓示後，就是在這棵柳樹下遇見命中注定的皇妃，後世將其傳為「緣定之柳」。樹旁則有個帶有圓洞的六角形石。相傳平安京建都之際，六角堂剛好位在道路上，為此傷透腦筋的敕使在向神明祈禱後，六角堂竟然迅速地往北方移開。當時未清除的基石就是此塊臍石，還有人說這裡就是京都的中心。但此處的傳說還不僅如此，4月8日舉辦的灌佛會，便是源起於龍王為慶賀釋迦佛誕辰降下甘霖的傳說。現今演變成以甜茶澆淋釋迦牟尼像的法會儀式，以示感謝佛祖誕生於塵世。

以甜茶澆淋釋迦牟尼像，慶賀誕辰

へそ(臍)石餅(附抹茶) 500日圓

能在休息處享用

ろっかくどう
六角堂

☎075-221-2686 京都市中京区六角通東洞院西入堂之前町248 6:00～17:00（茶屋9:00～） 休無休 地下鐵烏丸御池站步行3分 MAP47

京都廚房的台柱名水—「錦之水」

400m的拱頂商店街中林立著超過100間餐飲相關的店家。錦天滿宮佇立於有京都廚房之稱的錦市場東端，內部供奉司掌學問及經商的神明，香火鼎盛。來此務必嘗嘗「錦之水」，這處毫無異味的湧泉直接飲用就相當美味，也適合用在各式料理，深受當地居民喜愛。享受逛街樂趣之餘，若至此參拜可小歇片刻，以寶特瓶裝些許泉水後再前往下個目的地也不錯。

創建於學問之神菅原道真的出生地，400年前遷移至此

にしきてんまんぐう
錦天滿宮

☎075-231-5732 京都市中京区新京極四条上ル中之町537 8:00～20:00 休無休 阪急河原町站步行4分 MAP47

人氣巧克力坊在京都開設日本首間實體店

2016年10月，來自法國的巧克力名店「Jean-Paul Hévin」，在京都開設了日本首間實體店，地點選在古式洋風建築及町家並存的三条通。除有販售巧克力及馬卡龍的空間外，同時附設內用空間。使用京都蔬菜的法式鹹派、切片麵包料理也不容錯過。

如同店鋪概念「巴黎風」，也備有露天座位

ジャンポールエヴァンきょうとてん
JEAN-PAUL HÉVIN 京都店

☎075-708-7333 京都市中京区三条通富小路東入ル中之町27 10:00～L.O.19:30 休不定休 地下鐵京都市役所前站步行7分 MAP47

史奴比為主題的和風咖啡廳開張

2016年8月「史奴比茶屋」於錦市場開張，立刻盛況空前。1樓販售外帶甜點及限定生活用品，2樓咖啡廳則有令人雀躍的京都限定餐點。所有品項的擺盤都是仿造角色外型，非常可愛。

將古建築注入新活力的店舖

抹茶拿鐵864日圓及山藥饅頭486日圓

スヌーピーちゃやきょうとにしきてん
SNOOPY茶屋 京都・錦店

☎075-708-7174 京都市中京区錦小路柳馬場西入中魚屋町480 10:30～17:30（午餐L.O.16:30，下午茶L.O.17:00） 休無休 地下鐵四条站、阪急烏丸站步行3分 MAP47

季節限定 Chocolate

冬季旅途中令人期待的和菓子或藥妝店中可買到的個性派巧克力

和菓子「琥珀」於冬季推出限定的巧克力口味

巧克力琥珀為寒天菓子「琥珀」的冬季限定品。以巧克力包裹加有柚子的寒天表面，可品嘗和洋融合的可口滋味。8條裝1512日圓。

えいらくやほんてん
永楽屋 本店

☎075-221-2318 京都市中京区河原町通四条上ル東側 10:00～20:00 休無休 阪急河原町站即到 MAP47

冬季限定的人氣商品 柚子風味生巧克力

冬天發售的柚子生巧克力。可嘗到日本國產柚子的香氣與比利時產最高級巧克力的奢華美味。數量有限欲購從速。24顆裝1404日圓。

よーじやさんじょうてんショップアンドカフェ
よーじや 三条店 ショップ＆カフェ

☎075-221-4501 京都市中京区三条麩屋町東北角三条TCビル1F 11:00～19:00 休週二（逢假日則營業）※咖啡廳無休 地下鐵京都市役所前站步行5分 MAP47

寺町通

teramachidori

寺町與東邊的新京極僅一街之隔，卻散發出相反的沉靜氣氛。
骨董店和復古咖啡廳座落於其中，
是條風格略顯成熟的街道。

寺町通御池上ル一帶

御池通～四条通為拱頂商店街

先斗町通懸掛的告示牌

鴨川也在步行範圍內

老茶舖一保堂也位在寺町通

矢田地藏尊的地藏布娃娃

Coffee Smart珈琲店前

燕鴴是先斗町的標誌

隱身於現代主要街道 充滿復古氣息的街角

距今400年前，豐臣秀吉匯聚京都內的寺院成立「寺町」。一道道白牆層層交疊的光景，宛如守護京城的城郭。如今此處有眾多販售骨董、古籍和生活用品的店家，是個享受知性購物樂趣的街區。

默默存留下古物也是寺町的魅力。身為文明開化象徵的牛肉鍋店家，於1873年（明治6）年誕生於寺町。不久後，京都的西點先驅「村上開新堂」也在二条附近開張。進入昭和時代，京都咖啡廳文化開始萌芽。二次大戰前就已開始營業的咖啡廳，至今仍是大排長龍，備受歡迎。

當然，寺院也沒落居人後。冬至南瓜供養時不分男女老少湧入的矢田地藏尊、以歷史事件發生舞台而聞名的本能寺，如此耀眼的陣容都相互比鄰在商店街的拱頂之下。

在這條路上還能見到，和菓子老店最近納入了西洋風味後的全新嘗試。無論在任何時代，寺町都是最先接納新式事物，並且向外推展的地方。

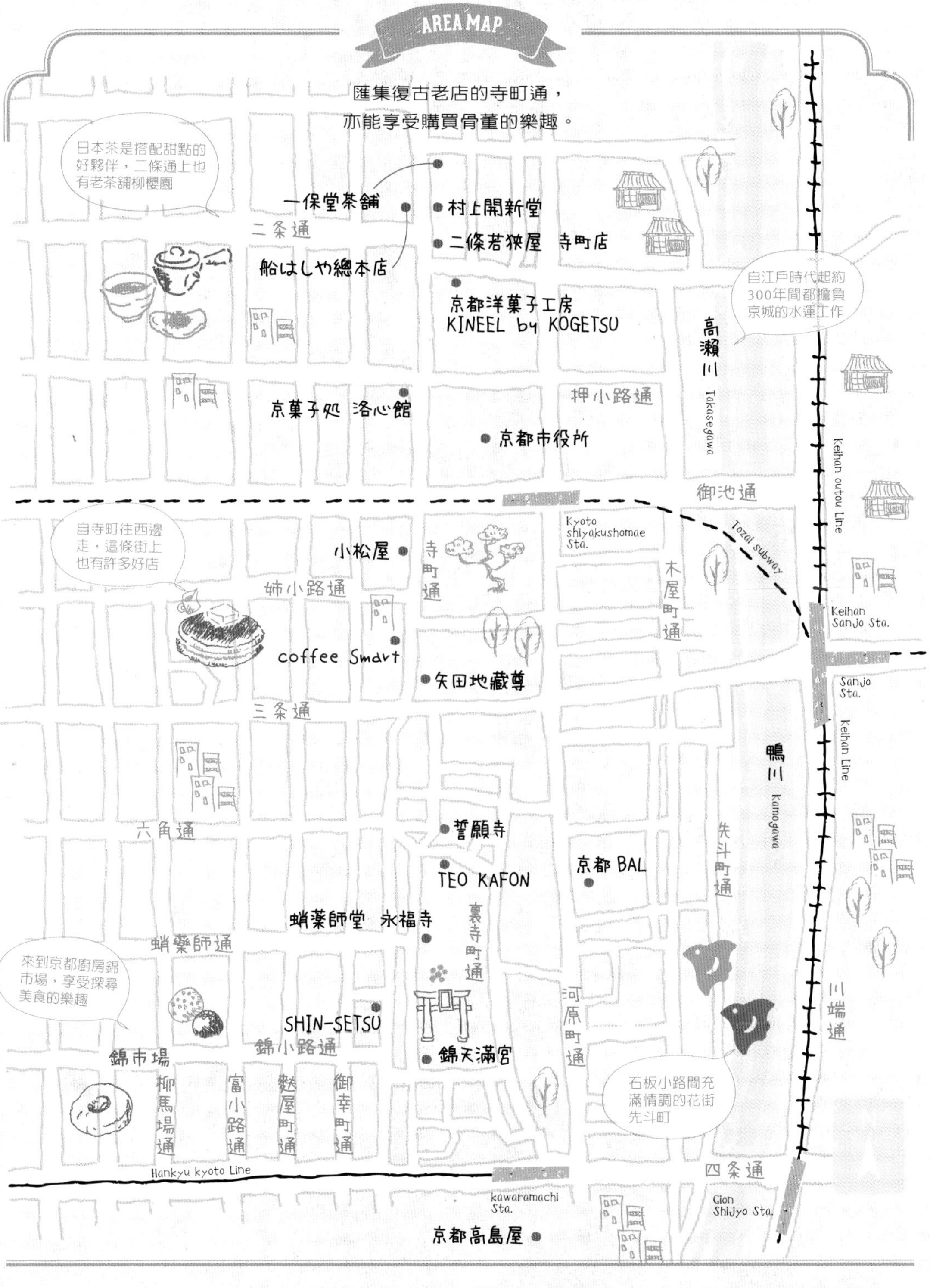
AREA MAP
匯集復古老店的寺町通，
亦能享受購買骨董的樂趣。
日本茶是搭配甜點的好夥伴，二條通上也有老茶舖柳櫻園
一保堂茶舗
村上開新堂
二条通
二條若狭屋 寺町店
船はしや總本店
京都洋菓子工房 KINEEL by KOGETSU
自江戸時代起約300年間都擔負京城的水運工作
高瀬川
Takasegawa
京菓子処 洛心館
押小路通
京都市役所
Keihan outou Line
御池通
Kyoto shiyakushomae Sta.
Tozai subway
自寺町往西邊走，這條街上也有許多好店
小松屋
寺町通
姉小路通
木屋町通
Keihan Sanjo Sta.
coffee Smart
矢田地蔵尊
Sanjo Sta.
三条通
Keihan Line
鴨川
Kamogawa
六角通
誓願寺
京都BAL
TEO KAFON
先斗町通
蛸薬師堂 永福寺
裏寺町通
蛸薬師通
來到京都廚房錦市場，享受探尋美食的樂趣
河原町通
川端通
SHIN-SETSU
錦小路通
錦天満宮
錦市場
柳馬場通
富小路通
麩屋町通
御幸町通
石板小路間充滿情調的花街先斗町
Hankyu kyoto Line
四条通
kawaramachi Sta.
Gion Shijyo Sta.
京都高島屋

1.綁在包裝紙上的紅繩結相當復古
2.描繪出圓緩曲線的櫥窗和挑高的天花板，這些室內裝潢能感受到店家的淵遠歷史
3.寺町通是京都首屈一指的骨董街。灰泥粉刷的建築外觀融入街中氣氛，非常美麗

令人開心的俄羅斯茶餅和烘焙甜品

巧克力194日圓，入口即化的蓬鬆口感

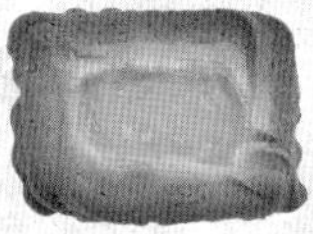
杏果194日圓，帶有懷念的淡淡酸甜滋味

葡萄乾194日圓，點綴紅色櫻桃顯現俄羅斯情調

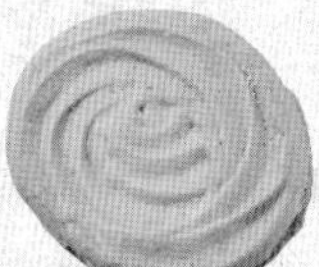
柚子醬夾心194日圓，餅乾夾入清爽餡料

葡萄夾心194日圓，甜度恰到好處適合搭配紅茶

布列塔尼酥餅227日圓，以帶有鹹味的黑胡椒增添口感層次

瑪德蓮貝殼蛋糕184日圓，以蜂蜜、萊姆酒和杏仁醞釀出的柔順風味

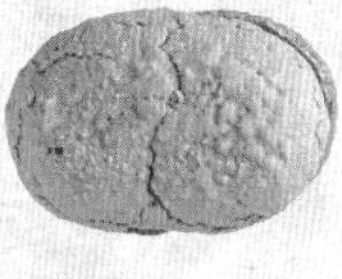
達克瓦茲蛋糕227日圓，夾有微苦的鹹焦糖

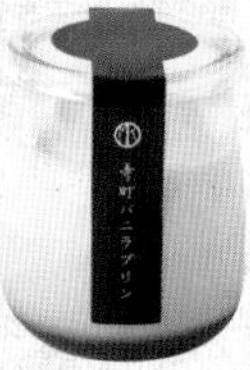
寺町香草布丁497日圓，口感柔軟滑順，味道高雅不會過甜

teramachidori sweets trip1

1

創業於1907（明治40）年，為京都最古老的西點店。店內泛黃的擺飾品留有明治、大正時期的影子，現下依舊在迎接賓客的到來。最受歡迎的俄羅斯茶餅共有巧克力、杏果、葡萄乾、柚子及葡萄5種，是從古至今備受京都人民喜愛的甜點。此般名店近年也有新產品誕生，口感濕潤的瑪德蓮貝殼蛋糕、鬆脆的達克瓦茲蛋糕、也適合搭酒的布列塔尼酥餅以及布丁，務必也試試這些新品項。

3

むらかみかいしんどう

村上開新堂

☎075-231-1058 ⌂京都市中京区寺町通二条上ル東側 ⏲10:00～18:00 休週日、假日、第3週一 地下鐵京都市役所前站步行4分 MAP55

2

teramachidori
sweets trip3

體驗京都正宗咖啡廳文化

漫步於寺町拱頂商店街中，會碰上又紅又大的咖啡豆研磨機。每日都有當地的忠實顧客上門，店家深受愛戴80年，是咖啡廳老店中的老店。整身沉入寬大的沙發中，首先來杯自家烘培的原創特調咖啡。搭配滿滿奶油和糖漿享用的鬆餅，正好能凸顯出咖啡的香濃與微苦。此外，還有奶昔和熱柳橙飲等，在其他地方看不到的經典餐點也十分吸引人。

1.鬆餅650日圓，現今依舊維持創業當時祖母研發出的製作方式
2.燙金字體的店家標誌，散發出舊時氛圍　3.店內以瑞士山中小屋為設計意象，木頭階梯、磚頭和皮沙發都再再飄蕩出老店的風格

マート珈琲店

Coffee Smart

☎075-231-6547 ⌂京都市中京区寺町通三条上ル天性寺前町537 ⏲8:00～19:00 休無休 ‼地下鐵京都市役所前站即到 MAP55

復古卻五彩繽紛，賦予懷舊新鮮感的咖啡廳

咖啡廳佇立於寺町京極的一角，藍色門扉是辨認的標誌，店家設計時髦，讓人沒有創業70年的感覺。在購物歸途心血來潮繞去店裡，便可見到古色古香的吧台上，排列著色彩鮮艷的奶油汽水，共有24種色調，讓人覺得能挑出自己的幸運色。於2樓則是能品嘗鬆餅，一將糖漿倒至滾燙鐵板上，立即滋滋作響。知道有這樣的店家後，好像可以稍稍感到驕傲。

シンセツ

SHIN-SETSU

☎075-221-4468 ⌂京都市中京区寺町通錦小路上ル円福寺前町277 ⏲平日14:00～L.O.19:00，週六、日、假日12:00～ 休週四 ‼阪急河原町站步行5分 MAP55

teramachidori
sweets trip2

1.奶油汽水上必定擺放紅色櫻桃。左至右分別為芒果、木槿、藍柑橘香、櫻桃萊姆及綠蘋果，各650日圓　2.以鐵板裝盛的鐵板鬆餅佐冰淇淋800日圓。溶化後的冰淇淋會滲入鬆餅，變得綿密　3.店內可感受到木頭帶出的溫度　4.錦市場也在旁邊，藍色門扉是辨認標誌

和菓子X西式甜點的幸福結合

長年製作和菓子的鼓月開拓開全新事業，KINEEL帶著「希望大家會喜歡」的期許誕生於世。展示櫃中綻放華麗光彩的是公主蛋糕，專業師傅耗時精心製作兩口大小的甜點，種類會依季節而變換。宛如日式上生菓子的製作概念，讓人不禁頷首讚佩。回到比任何地方都還閑適的家中，搭配細心沖泡的茶湯一同好好品嘗。

teramachidori sweets trip4

1

2

3

1.塞滿濃郁奶油香和豆餡甘甜味的an費南雪345日圓
2.以草莓和巧克力綴飾的公主蛋糕（1片172日圓～），可愛到令人心感雀躍　3.店內走自然風格　4.店家面朝閑靜的二条通

4

きょうとようがしこうぼうキニールバイコゲツ

京都洋菓子工房 KINEEL by KOGETSU

☎075-744-6184 京都市中京区二条通寺町東入ル榎木町95-3 10:00～18:00 休週三 地下鐵京都市役所前站步行4分 MAP55

將抹茶推向國際

TEO KAFON在世界語中意味著「茶與咖啡」。把西點塔、閃電泡芙等5種抹茶甜點都各放一些的綜合甜盤只有此處品嘗得到，讓想嘗試複數品項的人也能大大滿足。另外也推薦點用須自己打散抹茶的TEOSET。

1

1.入口裝潢採粉色調，並掛有時尚的三色旗
2.點餐猶豫不決時就來份翠綠的綜合甜點，抹茶甜點綜合盤600日圓

2

teramachidori sweets trip5

テオカフォン

TEO KAFON

☎075-223-1400
京都市中京区新京極六角東入ル桜之町447 11:00～L.O.18:30
休週二 阪急河原町站步行8分 MAP55

想要大啖毫不矯揉造作的樸實點心

創立於1912（大正元）年的和菓子店。招牌商品為「八方燒」，以混進京都白味噌的麵皮包入豆沙餡，再烘烤至茶褐色。此外，「烤番薯」是用添入奶油及蜂蜜的麵皮裹覆蛋酥餡，口感溫潤、風味飽滿，深獲顧客好評。

1

3

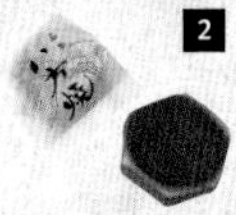

2

teramachidori sweets trip6

こまつや

小松屋

☎075-231-7753 京都市中京区寺町通御池下ル下本能寺前町514 9:00～18:00 休週一，第3週二 地下鐵京都市役所前站步行3分 MAP55

1.烤番薯1個180日圓，飄散出輕柔肉桂香氣
2. 塞得滿滿的內餡和撲鼻香氣叫人垂涎三尺，八方燒1個210日圓 3.饅頭店散發親切氣氛，備受當地人喜愛

co-Trip 街角時報

寺町

此塊街區內茶鋪和木版出版社等散發老店風情，古雅街景充滿魅力。

偌大的南瓜 摸一下無災無病

歷史可追溯到飛鳥時代的矢田地藏尊，雖然位在商店街一隅，卻是間極能讓人沉澱心緒的寺院。此處於迎接正式寒冬的12月23日，會舉辦南瓜供養。參拜者首先要摸一下擺在本堂前的大南瓜，祈願無災無病，接著領受煮得甘甜的熱騰騰南瓜，吃下後身體也會暖烘烘。「冬至之日食用南瓜便不會感冒」，正如此則自古流傳的傳說。再來還可在這個令人心暖幸福的地方許下願望。露出燦爛笑容的可愛地藏布娃娃，內部置有本尊的神符，習俗是在娃娃上寫下心願後奉納寺內。

地藏布娃娃 800日圓，會代替信眾承受病痛

並非萬聖節，而是純正的日本風俗

やたじぞうそん
矢田地藏尊

☎075-241-3608 京都市中京区寺町通三条上ル天性寺前町 ⏲8:00～19:00 休無休 地下鐵京都市役所前站步行5分 MAP55

憎人戒律與母親願望 最終選擇親情的母子愛

很久很久以前，此座寺院的僧人善光，為了實現生病母親「想吃章魚」的願望，幾經苦惱最後還是去買了章魚。但是，城中居民卻指責他破戒購買葷食。然而善光誠心向藥師如來佛祈禱後，章魚居然放出光芒化為佛典，母親也立即痊癒了。據說以左手觸碰本堂前的章魚像，能夠治好任何病症。

祈禱諸願成真的手繪繪馬2000日圓，場景是大病痊癒的母親向章魚表達感謝之意

たこやくしどうえいふくじ
蛸藥師堂 永福寺

☎075-255-3305 京都市中京区新京極通蛸薬師上ル東側町503 ⏲8:00～17:00（冬季～16:30） 休無休 阪急河原町站步行5分 MAP55

獨特的組合 奶油起司和蕨餅

不侷限於日式風味，擅長加入西洋食材的和菓子店。其中值得聚焦的是，和奶油起司組成雙層的洛心蕨餅。2層吃起來都十分滑順，分量多，但口感清爽，一下就能吃得精光。宛如乳酪蛋糕般的嶄新味道令人印象深刻，起司蕨餅有原味和抹茶2種口味。

置於竹簍中的外觀也很可愛，各540日圓

きょうがしどころらくしんかん
京菓子処 洛心館

☎075-221-2577 京都市中京区寺町通御池上ル ⏲10:00～19:00 休週三 地下鐵京都市役所前站步行5分 MAP55

表情豐富的福氣不倒翁 外表相當可人

販售豆子點心的老舖，品項從喜慶時不可或缺的五色豆、金平糖等，到一般茶點應有盡有。燒菓子「福氣不倒翁」小巧外型非常可愛，是人氣商品。烙印章種類多元，豐富表情是一個個蓋出來的。運氣好還能碰見店家的招牌店貓，同時也是寺町通的偶像「小白」一家人。

令人莞爾的表情

福氣不倒翁（內含金平糖）1包380日圓

ふなはしやそうほんてん
船はしや總本店

☎075-231-4127 京都市中京区寺町通二条上ル ⏲9:00～18:00 休週日、假日 地下鐵京都市役所前站步行5分 MAP55

伴手禮就選 老店好物

收到禮物的朋友肯定會開心
包裝也很可愛的
老店抹茶商品

千鳥形烤麩浮在抹茶葛粉湯上

打開木碗倒入熱水後便化為葛粉湯的不老泉水，千鳥就悠游在甜度順口的葛粉湯上。不同的口味而有不同的可愛外盒圖案，也是魅力之一。3個裝648日圓。

にじょうわかさやてらまちてん
二條若狭屋 寺町店

☎075-256-2280 京都市中京区寺町通二条下ル榎木町67 ⏲9:00～18:00（茶屋10:00～17:00） 休週三 地下鐵京都市役所前站步行5分 MAP55

隨身包尺寸便於食用 香甜的抹茶飲料

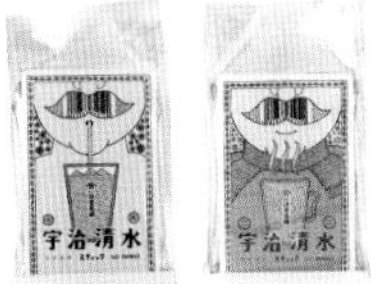

和只需用水或牛奶攪拌便可飲用，含砂糖粉的抹茶飲料宇治清水12包裝1188日圓。包裝大小方便飲用，復古設計也相當美觀。

いっぽどうちゃほ
一保堂茶舗

☎075-211-3421 京都市中京区寺町通二条上ル ⏲9:00～18:00（咖啡廳10:00～17:30） 休無休 地下鐵京都市役所前站步行5分 MAP55

出町柳

demachiyanagi

京都人格外喜愛的事物之一，鴨川。
綠意盎然的世界遺產下鴨神社也在此區，
保證能有趟放鬆心靈的旅程。

下鴨神社的糺之森

前往下鴨神社參拜

出町ふたば的豆餅♪

自賀茂大橋眺望的鴨川三角洲

下鴨神社內的戀之社

充滿清新的空氣

商店街的可愛磁磚

出町桝形商店街

位處鴨川與糺之森懷抱的京都綠洲

高野川和賀茂川於出町柳匯流之後的河川稱之為鴨川。河道上雖有氣派的橋樑，但是天氣晴朗時還是會想走踏腳石渡河，川中的沙洲有個別稱叫做三角洲。遍佈附近一帶的蓊綠森林裡，據傳太古時代起就住有神明。

葵祭為京都三大祭典之一，身為此祭典舉辦舞台的下鴨神社，在平安時代更是以王城守護神社之姿受到大眾的景仰。如今參道上的糺之森已成市民的休憩場所，小河河畔傳來孩子嬉戲的聲音。

神社大門前散落著販售名產御手洗丸子、申餅、豆餅等大眾甜點的店家，吸引豆餡愛好者慕名而來。旅程若走庶民路線，出町形商店街也是極具魅力。

此外，此處鄰近京都大學，因此也是個人文薈萃的幽靜住宅區，更時常被獲選為理想的居住街區。或許是因為如此的地緣關係，在這裡可以尋得講究使用上等食材、精心製作餐點的咖啡廳及烘焙坊。

AREA MAP

賀茂川與高野川匯流而成的鴨川。
前去水畔來趟滋潤心靈的漫步。

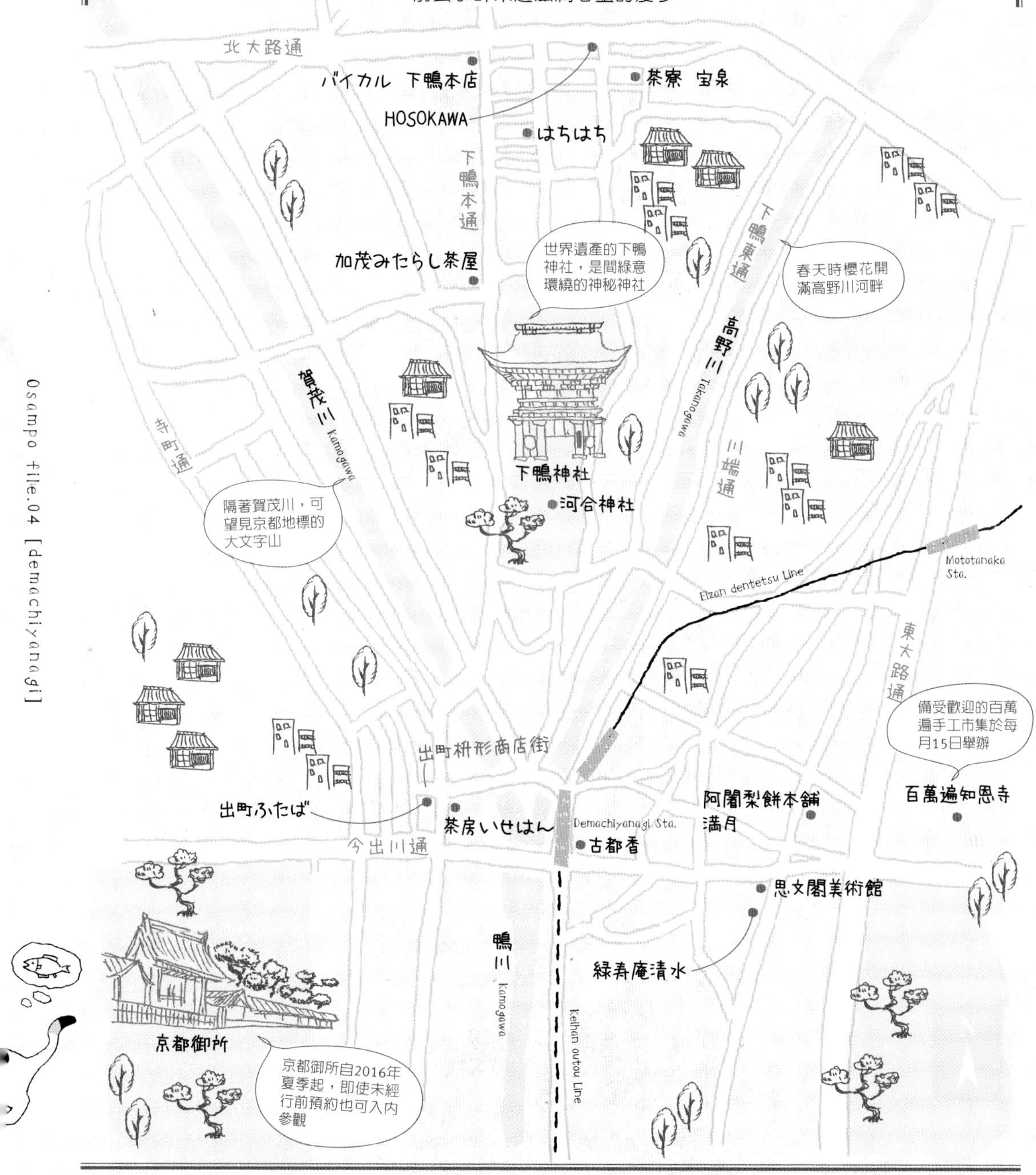

北大路通
バイカル 下鴨本店
HOSOKAWA
はちはち
茶寮 宝泉
下鴨本通
加茂みたらし茶屋
世界遺產的下鴨神社，是間綠意環繞的神秘神社
下鴨東通
高野川
Takanogawa
春天時櫻花開滿高野川河畔
賀茂川
Kamogawa
寺町通
下鴨神社
河合神社
川端通
隔著賀茂川，可望見京都地標的大文字山
Eizan dentetsu Line
Mototanaka Sta.
東大路通
備受歡迎的百萬遍手工市集於每月15日舉辦
出町枡形商店街
出町ふたば
茶房いせはん
Demachiyanagi Sta.
古都香
阿闍梨餅本舗
滿月
百萬遍知恩寺
今出川通
思文閣美術館
緑寿庵清水
鴨川
Kamogawa
Keihan outou Line
京都御所
京都御所自2016年夏季起，即使未經行前預約也可入内參觀

極度美味的和菓子與庭院享受療癒的片刻時光

佇立於閑靜住宅區中的獨棟建築是「寶泉堂本店」和菓子店，本店是「紅豆專門店」，以講究食材製作而成的和菓子相當受到歡迎。於此可品嘗到招牌商品的蕨餅，還有丹波大納言紅豆善哉等，許多美味和菓子。點餐完才一個個拌製的蕨餅，擁有獨特的滑順口感，一口吃下後猶如崩散似地於嘴內逐漸化開。此外，需脫鞋才能入座的榻榻米座位，能眺望美麗的日本庭園，在這可讓悠緩流逝的光陰撫慰心靈。

1

3

2

1.丹波大納言紅豆善哉、丹波白豆善哉各1050日圓（10月左右供應至5月左右，白豆到3月左右） 2.榻榻米座位前是日本庭園 3.翻修自古早宅邸 4.將大納言紅豆製成葵葉模樣的賀茂葵162日圓 5.使用稀有的本蕨粉製作的蕨餅1100日圓

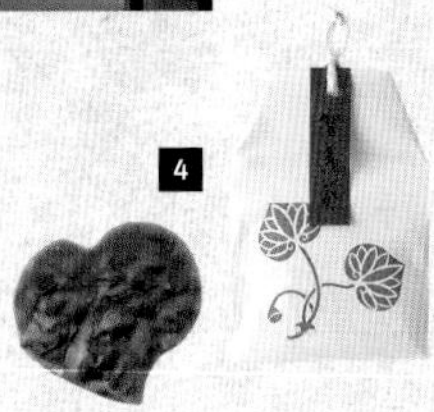

4

さりょうほうせん

茶寮 宝泉

☎075-712-1270 京都市左京区下鴨西高木町25
10:00~L.O.16:45 休週三、四（逢假日則翌日休）
市巴士鴨東本町步行2分 MAP61

5

手工製作每一樣配料 粒粒紅豆耀光芒

即使在甜點店多到不計其數的京都，いせはん的餡蜜仍舊廣受好評。店家花費整整2天燉煮丹波大納言紅豆，最後製成粒粒分明口感鬆軟的豆餡，與綿密的霜淇淋是絕妙的搭配。其他還有豆漿霜淇淋、上等抹茶製成的抹茶凍、白湯圓、蕨餅，以及將這些配料合為一體的沖繩波照間產黑糖煮成的黑糖蜜。由於每樣配料都好吃，一起享用時更是美味加倍。

1.いせはん餡蜜900日圓
2.秋冬限定的暖呼呼白湯圓800日圓。添有紅豆的現煮湯圓　3.店家緊鄰鴨川

さぼういせはん

茶房 いせはん

☎075-231-5422 ⌂京都市上京区青龍町242
🕒11:00～L.O.18:00 休週二 👣京阪出町柳站步行5分 MAP61

店家食材皆為水果專家 挑選出的當季水果

店家已於下鴨開業超過70個年頭，在飄散水果甘甜香氣的店內，先來份綜合拼盤，品嘗水果本身的原始風味，盤內華麗切塊的當季水果十分新鮮。令人迫不及待想要享用的野莓聖代，可說是3種莓類和冰淇淋的多重奏。店家使用的是草莓、覆盆子及藍莓。從塞滿至杯底的各式野莓，可以感受到店家作為水果專賣店的用心。

1.時令水果綜合拼盤1620日圓。任何時節到訪都可嘗到熟透的哈密瓜，由此可見店家的用心　2.可愛的野莓聖代972日圓　3.色彩繽紛的水果排排陳列

ホソカワ

HOSOKAWA

☎075-781-1733 ⌂京都市左京区下鴨東本町8
🕒10:00～L.O.17:00 休週三，有其他不定休
👣市巴洛北高校前步行3分 MAP61

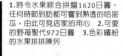

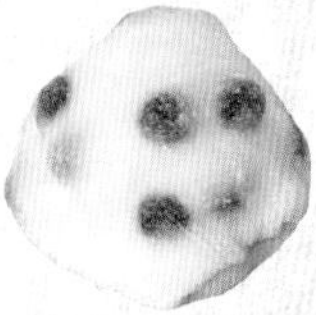

demachiyanagi
sweets trip6

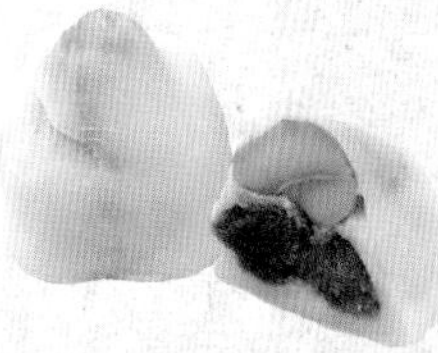

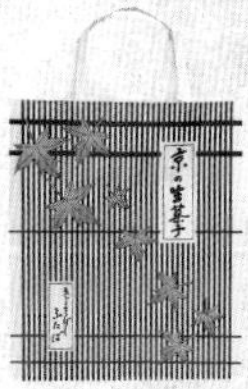

1.有肉桂、原味及魁蒿艾草口味的歌舞伎丸子175日圓　2.招牌豆餅175日圓　3.秋季時會將商品置入圖中的手提袋　4.包進整顆栗子的秋天限定栗餅200日圓　5.店內總是充滿活力

鴨川野餐時會想帶去的著名麻糬甜點

出町橋往西走，有間總是大排長龍的店家。出町ふたば創業於1899（明治32）年，店內現正暢銷的是明星商品豆餅。掀開微溫的包裝，顆粒偌大的紅豌豆爭先恐後地露出外皮，整體外觀相當樸實。柔軟的羽二重麻糬和清晰的豆類口感，加上豆沙餡的甘甜及紅豌豆的鹹味，簡直是絕配。在天氣晴朗的鴨川河畔，就會想要大啖此店的各種點心。

でまちふたば
出町ふたば

☎075-231-1658 ⌂京都市上京区出町通今出川上ル青龍町236 ⓛ8:30～17:30 休週二、第4週三（逢假日則翌日休）‼京阪出柳町站步行5分 MAP61

下鴨神社大門前的甜點或許有神明加持？

demachiyanagi
sweets trip4

以竹籤串起的丸子之所以分成1個和4個，據說是因為下鴨神社的御手洗池是「啵、啵啵啵啵」的湧出水來，又有一說是象徵人的頭部及四肢。將香烤的丸子沾上吸滿黑糖蜜風味的醬汁後盡情享用。

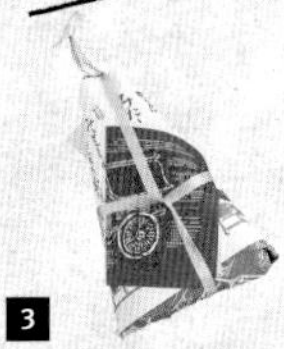

かもみたらしちゃや
加茂みたらし茶屋

☎075-791-1652 ⌂京都市左京区下鴨松ノ木町53 ⓛ9:30～18:30 休週三（逢假日則翌日休）‼京阪出柳町站步行15分 MAP61

1.店家位在下鴨神社門口，歸途可順便造訪　2.御手洗丸子3根，附綠茶420日圓　3.外帶5根590日圓～

擁有就是幸福，美味健康的正宗德式麵包

demachiyanagi
sweets trip5

於西陣備受歡迎的烘焙坊，在下鴨重新開幕。滿滿的水果乾和堅果的水果麵包，聽說靜置1週後味道會更有層次，是種了解越多就越喜愛、越能珍惜品嘗的麵包。由於數量有限，因此建議事先預約。

はちはち

☎075-706-7886 ⌂京都市左京区下鴨膳部町8-12 ⓛ11:30～18:30（售完打烊） 休週三、四 ‼市巴士一本松步行2分 MAP61

1.水果麵包（半條）1500日圓（1條）3000日圓　2.富含食物纖維的燕麥餅乾（1片）230日圓　3.極有情調的古宅

co-Trip 街角時報
出町柳
遠古森林糺之森和鴨川等盎然綠意及河川小溪環繞著這塊區域，走趟此處放鬆心情

趕跑暑氣的祭神儀式是御手洗丸子的起源
自神話時代起，下鴨神社就佇立在賀茂川及高野川交匯出的三角洲上。神社在土用丑日時，會在內部的御手洗池中舉辦赤腳涉水的祭神儀式，將腳浸泡至池水中，可趁此時祈願無病無災。仿效湧水的氣泡形狀而製成的御手洗丸子，也有人說是在比擬人的頭與四肢，結束參拜後可至大門前的茶屋購買享用。此外，做成心型的神紋雙葉葵，據說是由葵的日文古音「あふひ」轉意為相逢日（逢ふ日），成了蘊含邂逅力量的締結良緣象徵。

以澄澈湧水去除穢氣的御手洗池

做成心型的雙葉葵護身符500日圓

しもがもじんじゃ
下鴨神社

☎075-781-0010 ⌂京都市左京區下鴨泉川町59 ⓛ5:30～18:00（冬季為6:30～17:00）休無休 ‼市巴士下鴨神社前步行5分 MAP61

身心都會變得漂亮 日本首席美麗天神！
下鴨神社的攝社，祭祀主神是女性守護神的玉依姬命，神社建築上吊掛著繪馬，上頭畫有各異的妝容，據傳只要畫上自己想變成的模樣，願望就會實現。另外，美人水是以下鴨神社中取得的木梨及御神水製成，聽說飲用後連心靈都會變得美麗。從美人祈願護身符到化妝品，販售處陳列著一排排商品。

木梨美人糖350日圓及木梨美人水350日圓

使用下鴨神社收成的木梨所製

かわいじんじゃ
河合神社

☎075-781-0010 ⌂京都市左京區下鴨泉川町59 下鴨神社內 ⓛ9:00～17:00 休無休 ‼市巴士新葵橋前步行4分 MAP61

原創口味的御手洗丸子

京都大豆粉甜品1根200日圓 丸子軟綿可口

明星商品為使用優質近江米粉末製成的無添加丸子，單顆尺寸大得驚人，分量十足。人氣品項為塗上密傳甜辣醬汁、味道具有深度的御手洗丸子和京都大豆粉甜品。內用的奶油醬油、七味醬油等原創口味也廣受歡迎。

ことか
古都香

☎075-712-1939 ⌂京都市左京區田中下柳町17 ⓛ10:30～18:00（L.O.17:30）休週二，第2、4週三，其他不定休 ‼京阪出柳町站即到 MAP61

以身為下鴨神社象徵的雙葉葵為構思主題
店家創業於1955（昭和30）年，主打當時京都很少見的正統法式點心。這裡值得注意的甜點是「雙葉葵沙布列餅乾」，外觀看起來也像心形，是仿效象徵下鴨神社的神紋雙葉葵。口味有京都抹茶及八橋風大豆粉2種，可以享受到京都才有的獨特美味。

バイカルしもがもほんてん
バイカル 下鴨本店

☎075-781-1891 ⌂京都市左京區下鴨本町4-2 ⓛ9:00～21:00 休無休 ‼市巴士洛北高校前即到 MAP61

1盒各2個972日圓

想特地前去購買的
限定伴手禮

多走幾步路，
為了只有總店才有販售的
稀珍產品

週末和例假日於總店及金閣寺店可購得限定的滿月

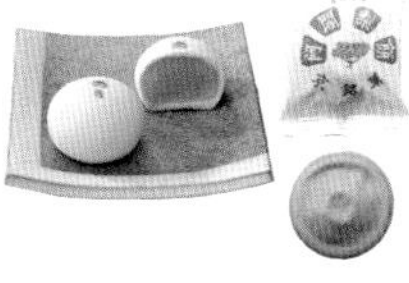

阿闍梨餅源自比叡山修行僧人，是種以密傳餅皮包餡後烘烤而成的半生菓子。溫潤的獨特口感是魅力所在，深受當地人的喜愛。1個108日圓。

あじゃりもちほんぽまんげつ
阿闍梨餅本舗 滿月

☎0120-24-7373 ⌂京都市左京區鞠小路通今出川上ル ⓛ9:00～18:00 休週三不定休 ‼京阪出柳町站步行8分 MAP61

包裝也充滿吸引力 口味每月更換的金平糖

店家創業於1847（弘化4）年，是間延續祖傳手藝的金平糖專賣店，品項多達60種。單一種類需耗時17日手工製作，「櫻金平糖」、「綠衣黃櫻金平糖」為春季熱門商品。

りょくじゅあんしみず
緑寿庵清水

☎075-771-0755 ⌂京都市左京區吉田泉殿町38-2 ⓛ10:00～17:00 休週三、第4週二（逢假日則營業）‼市巴士百万遍即到 MAP61

上七軒及北野

kamishichiken・kitano

建議在早春時節天神地區梅花綻放時前來。
一面漫步在京都歷史最悠久的花街「上七軒」的石板道上，
一面隨心所欲地繞道前往喜歡的咖啡廳。

上七軒的代表紋路是五顆丸子

上七軒為最古老的花街

繞圈北野天滿宮的本殿背面側

櫻花盛開的平野神社

跟參道上的神牛像打聲招呼

可愛的梅花溫暖人心

天滿宮的慶典日與上七軒的町家咖啡廳

每月25日的天神市集，北野天滿熱鬧非凡。當天販售古物、骨董和服及生活用品的店家擺得滿滿，鑑賞客們前胸貼後背地來到會場一帶挖寶，場面極為盛大。特別是2月，在撲鼻梅香的誘導下賞花客悠然而至，還有考生會來此處將最後的祈願寄託予學問之神菅原道真，天滿宮內滿溢著各種情懷。

話說回來，室町時代重建此座天滿宮之際，利用剩餘木材興建了7間茶屋，以款待前來參拜的信眾。爾後，上七軒發展成一處歷史長於祇園的花街，而且至今都還在不斷進化。順道到訪町家咖啡廳或生活日用品店之餘，不妨好好享受這片俐落雅緻的街景。

此外，支撐這個上七軒的是紡織物街區「西陣」。現今已經鮮少聽到嘎沙作響的紡織機聲，但是那種全心全意投注在製造物品的熱情，直至今日依舊未曾改變。有群年輕的創作家移居西陣的町家，夢想將來成為工匠，繼續編織出傳統的生氣。

AREA MAP
以自古來匯集人們信仰的神社寺院為中心
散落著富含深度韻味的景點
春天會有多達60種約400棵櫻花綻放的古神社
平野神社
每月25日的慶典日也來造訪「天神市集」
北野天滿宮
天神川 Tenjingawa
フルーツパーラー クリケット
西大路通
每月24日舉辦「紅豆湯法事」
釘拔地藏（石像寺）
千本釋迦堂（大法恩寺）
ひだまり
五辻通
上七軒
エントツ コーヒー舎
上七軒歌舞練場
坂田焼菓子店
静香
今出川通
Castella do Paulo
knot café
Pâtisserie café 3ème
七本松通
粟餅所・澤屋
長五郎餅本舗
中村製餡所
Meister
一条通
一条通以「妖怪街」而聞名
千本通
立本寺
春季賞櫻、夏季賞荷，秋季呈現令人讚嘆的庭園美景
ぱんだの散歩
御前通
會經過北野天滿宮前方的「御前通」

於西陣留下80年的光陰軌跡，著名咖啡廳重新改裝

打開剛完成裝修的紅色門扉，映入眼簾的是偌大的烘培機械。「祖父喜愛追求時髦，當初蒐購的畫作和室內裝飾，如今都成了復古元素」從第一代靜香算來已是第四代的店主說。相對於留有古物的店內，此次的餐點品項全面換新。變化豐富的三明治讓人驚艷不已，水果三明治或蛋三明治應該會成為新一代靜香的招牌商品。

しずか

静香

☎075-461-5323 ⌂京都市上京区今出川通千本西入ル南上善寺町164 ⏲9:30～18:00（L.O.17:30）㊡週三（逢假日及25日則營業）‼市巴士千本今出川即到 MAP67

1.置於梅森玻璃罐中的綜合果汁500日圓　2.3.剛重新裝潢室內的店鋪　4.銅板價就能品嘗的水果三明治450日圓，卡士達醬和鮮奶油的組合是絕配

描繪甜點師的內心世界 獻上特別的一盤甜點

新鮮的水果、富含風味的醬汁、華麗的擺盤──作為全餐最後壓軸的是專業師傅大展手藝的甜點。這一盤稱為盤飾甜點。由於並非事先料理完成，而是點餐後才做最後調配，因此在等候的時間裡，可於巴黎民家般的空間中，悠閒地讀讀書、聊聊天或眺賞古玩擺飾。當店家一端出翹首期待的那盤甜點，感覺席間會傳出「哇──」的驚呼聲。

1.餐點視季節而異，春天為櫻花奶酪600日圓　2.雷姆酒味豐厚的可麗露280日圓　3.店內採用讓人可輕鬆上門的休閒風格　4.像是來到巴黎街角的咖啡廳

パティスリーカフェトワズィエム

Pâtisserie café 3ème

☎075-406-0366 ⌂京都市上京区西上善寺町206 ⏲11:00～22:30（L.O.22:00）㊡週二，不定休（每月25日營業）‼市巴士千本今出川步行5分 MAP67

日本與葡萄牙的蜂蜜蛋糕相遇後……

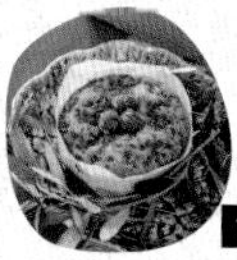

眺望北野天滿宮大鳥居的舊酒造倉庫中，陳列著一排排葡萄牙點心。保羅來自里斯本，是位學過日本蜂蜜蛋糕製作方式的甜點師，此處是他開設的店家。正因為蜂蜜蛋糕無人不曉，所以期待感也會相對高漲。葡萄牙精神和京都食材合而為一後誕生出的蜂蜜蛋糕，口感既細緻又鬆軟。店內也備有多種被視為蜂蜜蛋糕始祖的葡式海綿蛋糕，可以細細品嘗比較。

カステラドパウロ

Castella do Paulo

☎075-748-0505 ⌂京都市上京区御前通今小路上ル馬喰町897蔵A ⏲9:30～18:00（咖啡廳～17:00）休週三，第3週四（逢假日及25日為週三則翌日休）👣市巴士北野天滿宮前即到 MAP 67

1.加有蜜釀橄欖的葡萄牙米紐地區海綿蛋糕561日圓　2.保羅的蜂蜜蛋糕810日圓　3.也能飽覽葡萄牙的民族服飾及工藝　4.倉庫內滿是葡萄牙甜點的香氣

街坊的可口餐點 紐約客的美好滋味

別具一格的店鋪外側是精心刷飾過的白色牆面，翻修自過去的紡織工房，現在則是於此製作連接當地和紐約的原創餐點。咖啡廳的明星商品迷你漢堡，是以附近烘培坊「ル・プチメック」製作的漢堡麵包夾入玉子燒和餡料製成。這種料理能在酒吧或派對中當成下酒菜，充滿紐約風格。此外，巧克力大福也是店家自豪的產品，內餡添有發跡於布魯克林的nunu巧克力，再加入北野名產長五郎麻糬製作成大福。

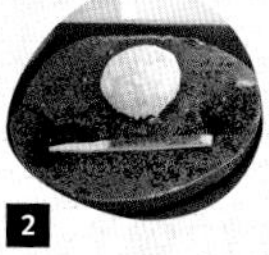

1.玉子燒三明治和奶油豆餡三明治各324日圓　2.巧克力大福nunu chocolates X 長五郎餅本舖378日圓　3.4.挑高的天花板和簡約的裝潢，形成舒適的空間

ノットカフェ

knot café

☎075-496-5123 ⌂京都市上京区今小路通七本松西入東今小路町758-1 ⏲10:00～18:00 休週二 👣市巴士上七軒即到 MAP 67

1.幽默感十足的招牌
2.豆餡商家的最中套餐1100日圓 3.小倉豆餡、紅豆沙餡、白豆沙餡500G裝各550日圓 4.輕鬆完成手工最中

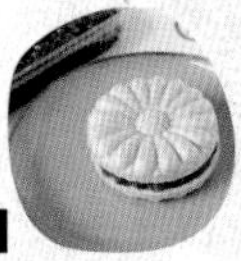

深受和菓子匠師信賴的製餡所

「做和菓子感覺好難」——有間店能讓抱持這種想法的人改觀。中村吉晴社長說道「因為我希望大家都能品嘗紅豆，所以用恰到好處的大火，炊煮精挑細選的十勝豆子和爽口的砂糖粉」。建議新手以手工烤製、口感香脆的最中外皮搭配豆餡。稍稍習慣後，再嘗試小倉餡吐司或鯛魚燒應該也相當有趣。此外，店家還提供豆餡食譜，只需動用每個家庭中都有的工具和食材，店家的服務十分細心。

なかむらせいあんしょ

中村製餡所

☎075-461-4481 京都市上京区一条通御前西入ル大東町88 8:00～17:00 休週三、日 市巴士北野天滿宮步行5分 MAP67

1.千本釋迦堂和上七軒都位在旁邊
2.冰淇淋雙層堆疊的抹茶提拉米蘇400日圓，猶豫湯匙要從哪邊挖下去也是種樂趣

身處輕鬆氛圍內心位在春天的向陽處

位於西陣的町家咖啡廳，以分量十足的甜品和餐點大受歡迎，連飲料都會附上蕎麥圓圈餅等烘焙小點。來此宛如身處祖母家，在「多吃點再回家」的氣氛中，趕緊踏上塌塌米，享受令人綻放笑容的幸福好滋味。

ひだまり

☎075-465-1330 京都市上京区五辻通六軒町西入ル溝前町100-99 10:00～18:00 休週日 市巴士上七軒步行5分 MAP67

1.熊貓丸子及御手洗丸子套餐250日圓。熊貓圖案的碟子也是原創品 2.熊貓愛好者會愛不釋手的鑰匙圈1000日圓

用多變的表情迎接客人手工製作的熊貓丸子

酷愛熊貓的店主曾說：「追求原創的過程中，熊貓丸子便應運而生」。他俐落地炙烤丸子串，並沾淋醬汁，這個天馬行空的點子實在令人佩服。吧檯也有提供熊貓啤酒500日圓。公休日據說會散步前往各地的活動。

ぱんだのさんぽ

ぱんだの散步

☎090-8652-4220 京都市上京区仁和寺街道御前通り西入ル下横町202 12:00～售完則打烊 休週一～三、日 嵐電北野白梅町步行8分 MAP67

co-Trip 街角時報

上七軒及北野

富含情調的街區裡留有許多古建築，翻修自町家的小型咖啡廳和生活用品店不少

綻放甘甜的香氣 天滿宮梅花祭

繽紛春季的紅白梅花

為供奉學問之神菅原道真的全國天滿宮總本社。道真是平安時代的政治家也是學者，因莫須有的罪名遭貶至遠方的九州太宰府。後世為感念道真公告別珍視的梅花離開京城，於他的忌日2月25日舉辦梅花祭。在殘冬的季節裡，多達50種1500株色彩繽紛的梅花，一朵又一朵地綻放。飄蕩甘甜香氣的天滿宮內還會舉辦戶外大茶會，上七軒的藝妓舞妓會以抹茶及甜點款待大家。

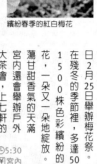

きたのてんまんぐう
北野天滿宮

☎075-461-0005 ⌂京都市上京區馬喰町 🕔5:30～21:00（寶物殿9:00～16:00）休無休 ¥宮內自由參觀 ‼市巴士北野天滿宮前即到 MAP67

春宵裡盛開的華麗櫻花園

此神社是平安京建成之際，自奈良遷移至此，頗具歷史淵源。櫻花時節，平時靜謐的神社內會變得熱鬧非凡。多達60種400株的櫻花會從3月中旬起綻放至4月下旬，期間任何時候到訪都是賞花的好時機，夜間點燈後更顯夢幻。漫步神社門前途中，還可發現以櫻花為主題的零嘴喔。

淡淡櫻花香

在花瓣背面寫下戀愛祈願的「合櫻」500日圓

參道和神社建築都渲染成粉紅色

ひらのじんじゃ
平野神社

☎075-461-4450 ⌂京都市北區平野宮本町1 🕔6:00～17:00 休無休 ¥神社內自由參觀 ‼市巴士衣笠校前步行3分 MAP67

一条妖怪街的獨特點心

一条妖怪街位在北野天滿宮的南側，400m長的街道林立販售妖怪商品的店家。此處販賣的漆黑烤麵包塊「吐司爺爺的黝黑烤麵包塊」，是揉入竹炭的吐司撒上砂糖後烘烤至酥脆而成。別看它外觀如此，其實是帶有奶油焦香、風味濃厚的正統手藝。那麼就別害怕，品嘗一下酥脆的口感吧？

吐司爺爺的黝黑烤麵包塊216日圓

マイスター
Meister

☎075-461-1998 ⌂京都市上京區一条通御前西入大東町94 🕔6:30～19:30 休週日 ‼嵐電北野白梅町站步行5分 MAP67

桃花源式咖啡廳夢幻空間令人怦然

店家佇立於狹窄小巷的盡頭。天窗微透光線、骨董格調的家具和細部藏有童趣的擺設裝飾等，增加了幻想的心情。義大利肉醬麵及蛋包飯，菜色相當有復古咖啡廳的風格。還有店家自豪的自家烘焙咖啡。

在名為夢幻小路的狹小巷道中走到底，玄關處的小煙囪是辨識標記

エントツコーヒーしゃ
ヱントツコーヒー舎

☎075-464-5323 ⌂京都市上京區佐竹町110-2 🕔12:00～20:00 休週三（逢25日則營業）‼市巴士千本今出川步行5分 MAP67

會想要特地走訪 著名伴手禮

見到一個個耗費工夫製作出的傑作，便會心滿意足，覺得遠道而來值得了

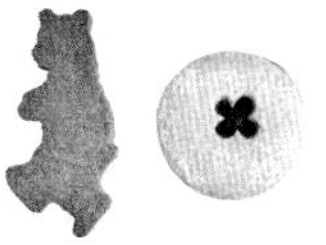

さかたやきかしてん
坂田焼菓子店

☎075-461-3997 ⌂京都市上京區今出川通六軒町西入西上善寺町181-1-1-B 🕔9:00～17:00 休週二 ‼市巴士上七軒即到 MAP67

粟餅所・澤屋的粟餅1盤5個600日圓

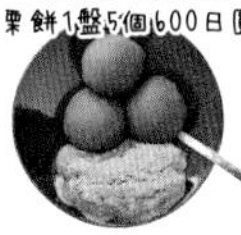

あわもちどころさわや
粟餅所・澤屋

☎075-461-4517 ⌂京都市上京區今小路通御前西入紙屋川町838-7 🕔9:00～17:00頃（售完打烊）休週四，每月26日 ‼市巴士北野天滿宮前即到 MAP67

フルーツパーラークリケット

☎075-461-3000 ⌂京都市北區平野八丁柳町68-1 サニーハイム金閣寺1F 🕔10:00～18:00 休週二不定休 ‼市巴士衣笠校前步行2分 MAP67

ちょうごろうもちほんぽ
長五郎餅本舗

☎075-461-1074 ⌂京都市上京區一条七本松西 🕔8:00～18:00 休週四 ‼市巴士北野天滿宮前即到 MAP67

Osampo file.05 [kamishichiken・kitano]

岡崎

okazaki

心有點疲憊的話……這時就去岡崎吧。
於美術館和動物園中度過悠閒的時光，
漫遊四季都有不同風貌的運河後，內心也會變得平靜。

四處座落於室外的裝置藝術

京都府立圖書館也相當氣派

京都國立近代美術館

平安神宮的大鳥居

名畫般的水岸景色與藝術&文化的街區

岡崎雖處於1200年歷史的京都，不過風格卻顯得略有不同。這裡在平安時代時是諸皇族爭相建蓋寺院的黃金地段，然而不知曾幾何時卻荒廢成農田。此般的岡崎是在明治時期重新復甦，當年政府為紀念平安遷都1100周年於此創建了平安神宮，爾後逐年成長為京都首屈一指的藝文街區。

接下來就前往平安神宮吧。每當春天來臨時，隨風搖擺的櫻花便會把川流不息的運河染成一片淡紅，神苑中則有令人陶醉的艷麗枝垂櫻。見到神宮前大廣場上人們各按所好地度過大好光陰，感覺連時間的流逝都變得悠緩。

難得到訪岡崎，務必前去參觀喜歡的博物館。附近一帶也都散落著充滿個性的咖啡廳，在這個街區裡十分適合放慢腳步，細細欣賞每一間店家。

京都市美術館的正面

水流平穩的運河

京都市美術館建築物的側面

京都市動物園的復古摩天輪

平安神宮中以四神為設計主題

mement mori的外觀

平安神宮的紅枝垂櫻

改建自市電車廂的觀光服務處

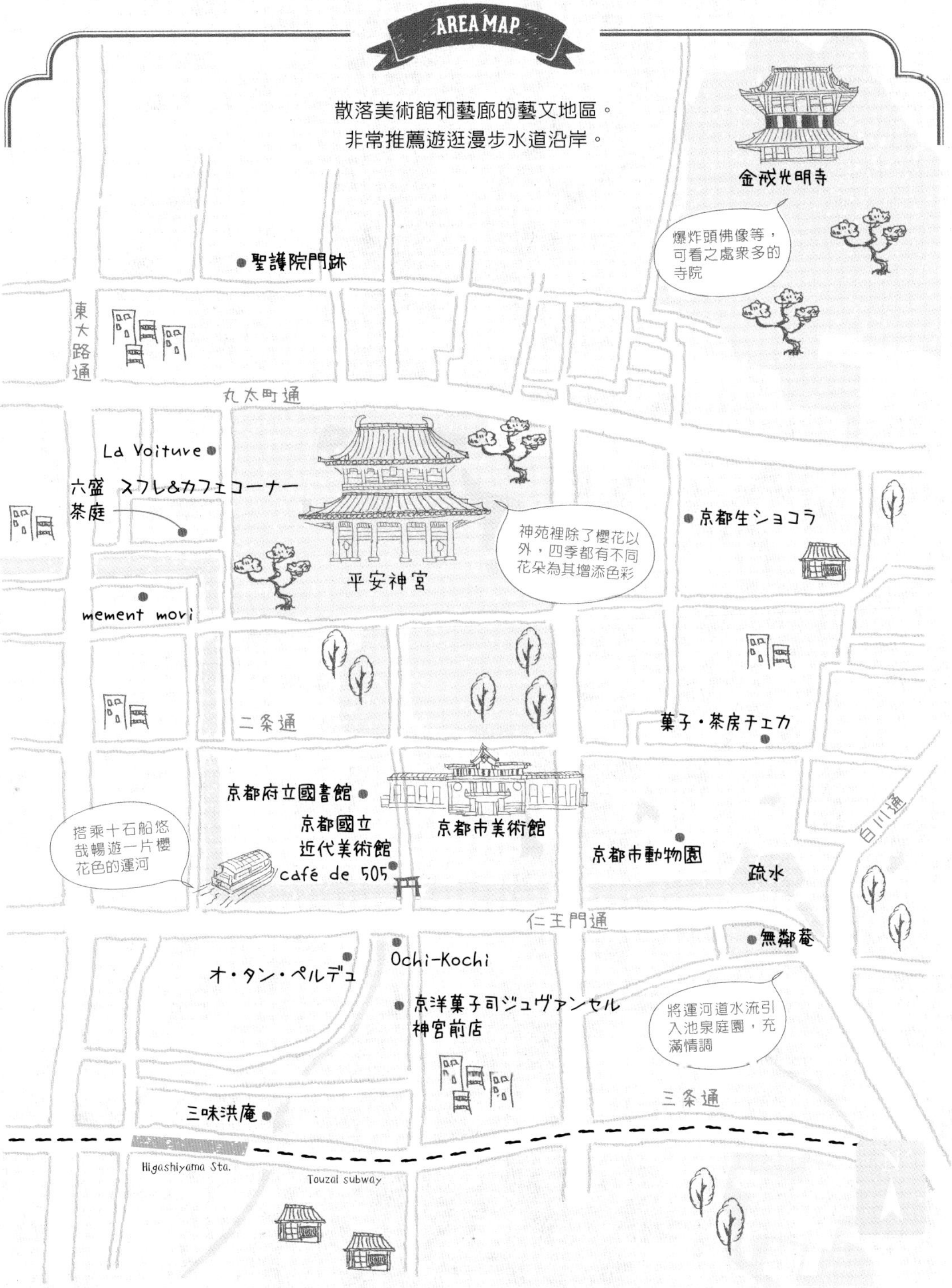
AREA MAP
散落美術館和藝廊的藝文地區。
非常推薦遊逛漫步水道沿岸。
金戒光明寺
爆炸頭佛像等，可看之處眾多的寺院
聖護院門跡
東大路通
丸太町通
La Voiture
六盛 スフレ&カフェコーナー 茶庭
平安神宮
神苑裡除了櫻花以外，四季都有不同花朵為其增添色彩
京都生ショコラ
mement mori
二条通
菓子・茶房チェカ
京都府立國書館
京都國立近代美術館
京都市美術館
café de 505
搭乘十石船悠哉暢遊一片櫻花色的運河
京都市動物園
疏水
白川通
仁王門通
無鄰菴
Ochi-Kochi
オ・タン・ペルデュ
京洋菓子司ジュヴァンセル 神宮前店
將運河道水流引入池泉庭園，充滿情調
三条通
三味洪庵
Higashiyama Sta.
Touzai subway

於河畔悠然自得

三味洪庵位在鄰近三条通的白川河畔，於此可品嘗到甜點和名為「おぞよ（ozoyo）」的京都家常菜餚。在面向涓涓細流的露臺上，傾聽水流潺潺，邊感受河風徐徐邊悠閒度過午後時分。讓人在河邊座位上想要享用依季節變換的甜點、以招牌商品豆漿布丁為基底的抹茶聖代等富含京都風情的甜品。順口滋味和大自然的風兒，令人心情放鬆。

1.倒入黑糖蜜跟丹波產黑豆豆漿布丁一同享用，486日圓。使用南禪寺皇家御用的豆漿，因此味道濃郁香醇 **2.**白川的涼風輕輕撫過臉頰。露臺座位建議事前預約 **3.**具有歷史淵源的海產批發店，是棟屋齡100年的町家

さんみこうあん

三味洪庵

☎075-771-0952 ⌂京都市東山区三条通北裏白川筋西入ル石泉院町393 ⏰用餐11:00～14:00，咖啡廳14:30～17:30，販售10:00～18:00 休週一（逢假日則翌日休） 🚶地下鐵東山站即到

MAP73

2

心滿意足的時間 午餐和甜點都無可挑剔

此間紅磚咖啡廳內可眺望流經岡崎的運河，每當春天來臨時，窗邊座位都是賞櫻的特別座位。店內販售的甜點有巧克力蛋糕，和使用當季水果製成的時令甜品。此外，分量十足的乳酪蛋糕搭配冰淇淋的「希布斯特式乳酪蛋糕」，很有飽足感。來此可邊悠哉眺望過往行人，邊度過一段幽靜時光。

3

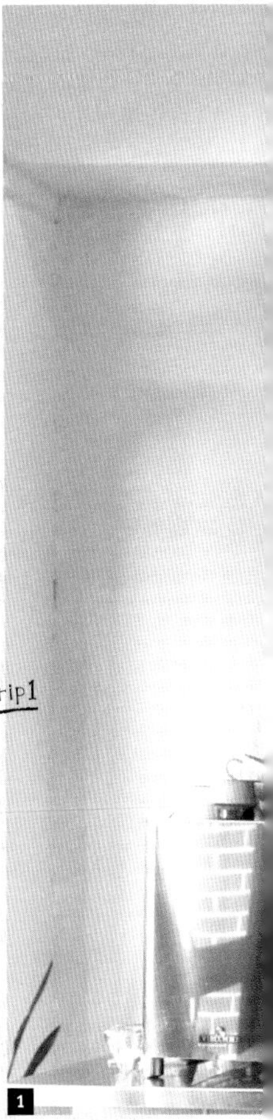

1

1.未加以刷飾的水泥牆和能感受到木頭溫度的家具，交織出舒適的空間
2.從窗戶眺望的四季風景宛如一幅幅畫作　3.希布斯特式乳酪蛋糕500日圓，在乳酪蛋糕疊加卡士達慕斯，再鋪上已有烘烤色調的焦糖

メメントモリ

mement mori

☎075-752-2264 ⌂京都市左京区岡崎西天王町84-1 ⏲11:30～18:00 休週二 ‼市巴士熊野神社前步行5分 MAP73

享用個性派甜點 品味下午茶時刻

順著動物園旁的道路前進，便能見到一間蛋糕店。展示櫃中陳列著一排排的蛋糕，看外觀就知出自實力派師傅的好手藝。外形狀似甜甜圈的提拉米蘇，讓人大感興趣。走上2樓後是咖啡廳空間，可於此處遠望動物園的綠意，邊徜徉在溫馨時光中。店家的刨冰也廣受好評，如於夏天到訪，建議點選享用時會嚐到出布丁的布丁刨冰。

2

1

4

1.抹茶（附甜點）650日圓　2.使用茶釜燒開的熱水沖製抹茶和咖啡
3.店家小巧可愛的門面　4.招牌提拉米蘇480日圓，在巧克力塔上塗抹白巧克力的馬斯卡彭幕斯

3

かしさぼうチェカ

菓子・茶房 チェカ

☎075-771-6776 ⌂京都市岡崎法勝寺町25 ⏲10:00～L.O.18:30 休週一、二 ‼地下鐵蹴上站步行13分 MAP73 okazaki sweets trip4

採光明亮的甜點咖啡廳

以「品味季節」為理念的甜點咖啡廳。來到豪華俐落的空間後，無論是內心還是五臟廟都好像獲得了滿足。置身於自樹木枝葉間傾洩而下的溫暖陽光中，享用擺在推車上的小蛋糕，及採用大量當季食材製作的雪酪。

オチコチ

Ochi-Kochi

1.店內從玻璃帷幕可望見平安神宮的鳥居　2.數量有限的季節甜點1080日圓（飲料套餐1512日圓）

☎075-752-6609 ⌂京都市左京区岡崎円勝寺町62 ROKUSISUI KYOTO OKAZAKI 1F ⏰11:00～L.O.17:00 休週二 地下鐵東山站步行3分 MAP73

okazaki sweets trip5

京都國立近代美術館的咖啡廳

若想在博物館附設咖啡廳中歇息片刻，建議前來此處。運河沿岸的露天座位，舒適到讓人想獨佔整個空間。推薦在紅色遮陽傘下享用豆漿布丁和抹茶舒芙蕾。有時還會提供配合特展的餐點。

カフェドゴマルゴ

café de 505

1.店家自製豆漿鬆餅佐香草冰淇淋和野莓醬（飲料套餐）1060日圓　2.天氣晴朗時會讓人想在此悠閒度過的露天咖啡座

☎075-771-5086 ⌂京都市左京区岡崎円勝寺町 京都国立近代美術館内 ⏰9:30～16:30（以美術館開館時間為準）休週一（逢假日則翌日休，準同美術館休館日）市巴士岡崎公園 美術館・平安神宮前即到 MAP73

okazaki sweets trip6

在百年町家中享用入口即化的極品口感

幽靜住宅區中的古民宅，感覺一個不留神就會看漏。過去曾在紐約領事館擔任主廚的店主，於此屋齡超過百年的町家中，手工精心製作出一個又一個的生巧克力。壓抑興奮的心情，將巧克力含入口中後，添加的利口酒和香草分別輕輕散出高雅的香味。融化時的圓潤口感，讓人感覺吃再多都不會膩。

きょうとなまショコラ

京都生ショコラ

☎075-751-2678 ⌂京都市岡崎天王町76-15 ⏰12:00～L.O.18:00 休週二、逢假日則營業 市巴士岡崎道即到 MAP73

1.町家中緩緩吹過的風相當舒服。還會有貓咪過來打招呼　2.巧克力搭配飲料的組合950日圓。甜味、苦味、抹茶味、野莓味匯集成一盤　3.蛋糕和飲品的組合1200日圓

co-Trip
街角時報
岡崎

寺院、神社、美術館等櫛比鱗次的藝文街區。擁有多種方式可享受相關的樂趣。

遍布優美紅垂櫻的庭園

1985（明治28）年政府為紀念平安遷都1100周年，創建了平安神宮。穿過應天門後，映入眼簾的是參考桓武天皇宮殿蓋起的神社大殿。包圍此棟建築的是神苑，春天的櫻花、夏天的菖蒲、秋天的紅葉與冬天的雪景，四季都會分別換上極為出眾的衣裳，讓人大飽眼福。該處是明治時代庭園名師小川治兵衛的代表作。紅枝垂櫻綻放得格外美麗的西神苑，連谷崎潤一郎也深愛其唯美。遊逛時可繞去庭園中的茶亭，點杯抹茶搭配以櫻花為主題的甜點，品味明媚的春日時分。

へいあんじんぐう
平安神宮

☎075-761-0221 ⌂京都市左京区岡崎西天王町 ⌚6:00～18:00 休無休 ¥宮内自由參觀 ‼市巴士岡崎公園 美術館·平安神宮前步行5分 MAP73

富饒意趣的王朝風雅與玩心相互融合

平安時代，僧人增譽引領白河上皇進行「熊野參拜」，後因此功績而獲賜的寺院就是聖護院的起源。江戶時期皇居御所遭燒毀之際，天皇也曾下榻於此，將此處作為臨時御所。一腳踏進踏入寺院內，眼前就是宮中風雅與修驗道的粗曠相互融合後的獨特空間。

此院供奉的御本尊是不動明王，神像後背熊熊烈焰，右手握能斬斷迷惑的劍，左手持可拯救眾生的繩索，直挺挺地俯視參拜者。推崇修行的苦行僧「山伏」中，也擁有眾多信眾。

寺院內也有充滿玩心的設計。庭園中的白沙和草叢中，由於有貓咪和兔子的擺飾品在玩躲貓貓，可以花點時間找出牠們，據說總共有10隻。此外，也有販售看到後會令人感到開心的紀念品，例如包裝可愛的抹茶糖，其盒蓋以手工印刷出山伏手持大螺號的圖樣。

據傳能焚盡煩惱的不動明王

以山伏為設計主體的小盒甜點為十分稀有，僅能於此購得

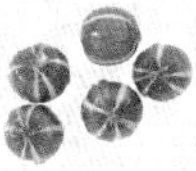

小盒甜點1盒600日圓。味道具有深度的宇治抹茶糖

しょうごいんもんぜき
聖護院門跡

☎075-771-1880 ⌂京都市左京区聖護院中町15 ⌚9:00～17:00（特別參拜時）休11月28・29日 ¥800日圓 ‼市巴士熊野神社前步行5分 MAP73
※一般採事先預約參拜制

緊接在祇園店後開幕的甜點咖啡廳

京洋菓子司ジュヴァンセル把四季應景的京都風情，鑲嵌至西點之上。享用「祇園抹茶鍋」時，可用水果、和菓子等季節性食物沾取溫和的抹茶醬。緊接在熱門的祇園店後開幕。「乙女善哉」為內含白湯圓的抹茶巧克力善哉，可依個人喜好添加牛奶，為店內招牌餐點。

使用大量宇治抹茶♪

乙女善哉
1080日圓

店內簡約時尚

きょうようがしつかさジュヴァンセルじんぐうまえてん
京洋菓子司ジュヴァンセル 神宮前店

☎075-762-5225 ⌂京都市左京区岡崎円勝寺町140 ポルト・ド・岡崎1F ⌚10:00～18:00 休無休 ‼地下鐵東山站步行5分 MAP73

沉醉於傳統美味
憧憬的甜點

享受完購物和遊逛的樂趣後，到咖啡廳喘口氣小歇片刻

讓正港法國人也咋舌的極品焦糖蘋果塔

做1盤需要超過20顆蘋果，充滿酸甜好滋味的焦糖蘋果塔。690日圓。

ラ・ヴァチュール
La Voiture

☎075-751-0591 ⌂京都市左京区聖護院円頓美町47-5 ⌚11:00～18:00 休週一 ‼市巴士熊野神社前步行5分 MAP73

於高級料亭中享用軟綿綿的舒芙蕾

圓圓鼓起的現烤舒芙蕾，入口即化的滑順口感，讓人大為感動。810日圓～。

ろくせい スフレアンドカフェコーナーさてい
六盛 スフレ&カフェコーナー茶庭

☎075-751-6171 ⌂京都市左京区岡崎西天王町71 ⌚14:00～L.O.17:00 休週一 ‼市巴士京都會館美術館前即到 MAP73

宇治

uji

宮廷文學巔峰傑作《源氏物語》將宇治作為結局之地。
平等院的雅緻世界，帶人走入古時的平安時代。
來到此處務必也要品嘗正宗宇治抹茶製成的甜點。

源氏物語博物館也值得一去

通往宇治上神社的參道充滿情調

流速意外湍急的宇治川

人孔蓋的圖案也是必看之處

宇治上神社的兔子籤

宇治川的橋樑也很雅緻

極有產茶地宇治味道的風景

JR宇治站附近

JR宇治站前的郵筒

茶香繚繞《源氏物語》的故鄉

宇治從平安時代起便是貴族的別墅之地，更是《源氏物語》故事〈宇治十帖〉的主舞台。到訪此處就要一遊充滿浪漫的宇治川。首先建議造訪平等院，通往寺院的參道上是一間間的老茶鋪總店，務必到這些店家裡品嘗產茶地宇治特有的抹茶甜點。接著到平等院裡參觀鳳凰堂，莊嚴得令人讚嘆，據說也有許多人欣賞完博物館裡的雲中供養菩薩像後，馬上成為愛好者。此外，在寺院內的茶房亦可品嘗到道地的茶飲。

離開平等院後，順著朱紅色大橋橫跨宇治川。朝日山在四季擁有不同風貌，宇治川穩靜地流動，想必紫式部也是深受此般風景的吸引，才將這裡寫進宮廷浪漫故事中。置於河畔的勾宮及浮船雕像，彷彿在引領旅人回到平安時代。接下來沿著「早蕨之道」前往世界遺產的宇治上神社，最後走趟源氏物語博物館，好好體會古代王朝的淒美愛情故事。

AREA MAP

宇治坐擁兩大世界遺產—平等院及宇治上神社。
也能於此享用老店提供的道地抹茶甜點。

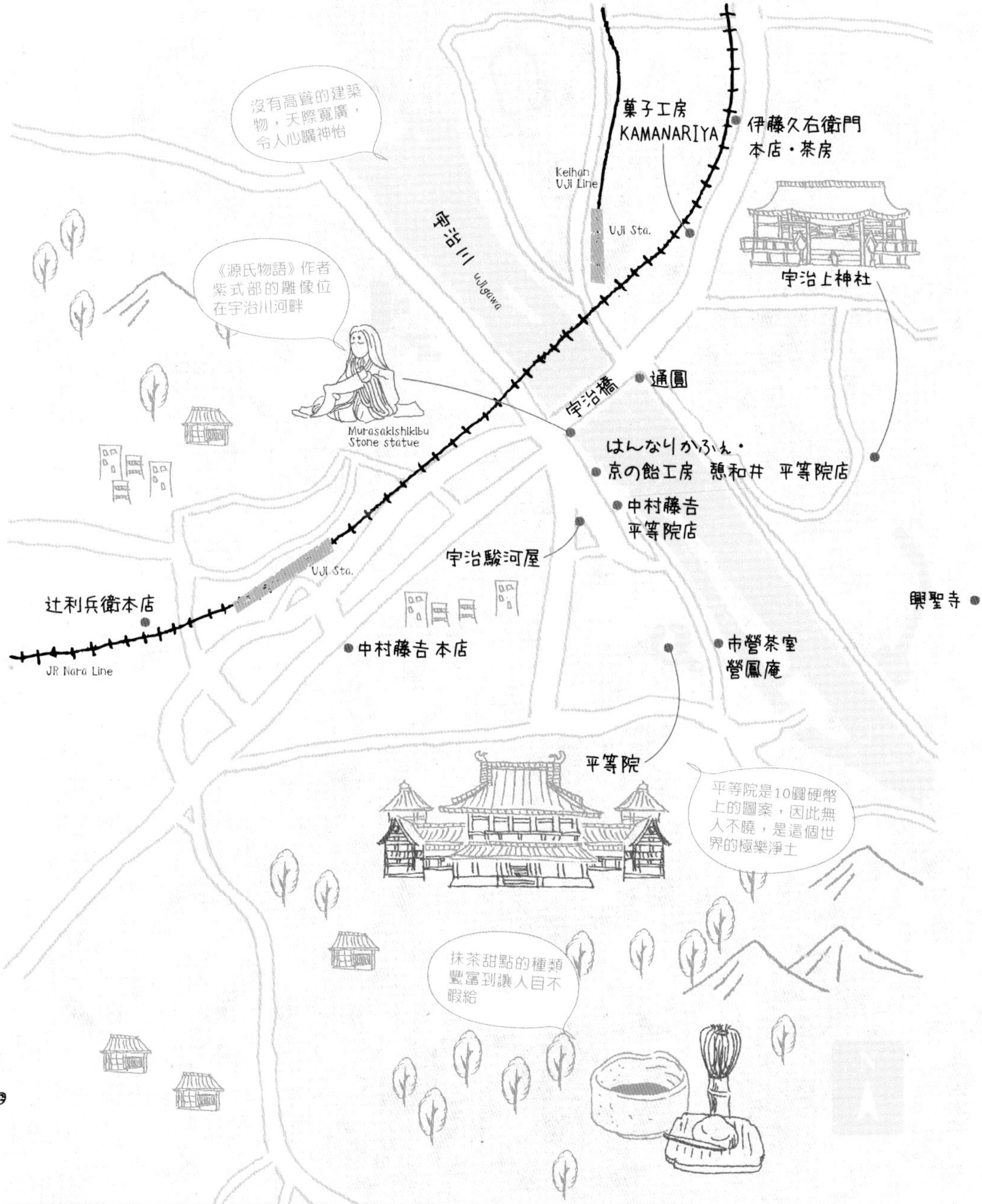

1

宇治川景觀＋人氣甜點使人陶醉

遠望宇治川的同時，品嘗一匙抹茶甜點，甘甜味及清爽的微苦味在口中化開，內心瞬間湧現出「來宇治來對了！」的興奮之情。碗中有滑順地溜過喉嚨的抹茶凍、綿密的霜淇淋、軟爛的紅豆配上白湯圓。老茶商的經典甜點，具有讓人不斷想再次上門的魅力。此外，也不能錯過店家獲選為宇治文化景觀的古色古香建築。在肚子和內心都已滿足後，推薦從庭院中行走連接宇治川的綠色小徑。

2

4

3

5

1.生茶凍（抹茶）740日圓　**2.**兔菓子（抹茶）18個裝1404日圓　**3.**可從窗子望見宇治川。也設有露天席　**4.**香氣濃郁的煎茶味也有死忠粉絲。宇治金時冰善哉（煎茶）800日圓　**5.**創業於1854（安政元）年，亞麻材質的店頭布簾道出店家的傳統

なかむらとうきちびょうどういんてん

中村藤吉 平等院店

☎0774-22-9500　宇治市宇治蓮華5-1
10:30～L.O.16:30（視季節而異）
休週二、三　京阪宇治站步行5分　MAP79

1.堆疊多層美味的宇治抹茶聖代「宇治誉れ」1728日圓　2.以栗子及抹茶奶油包覆整顆栗子的季節蒙布朗463日圓　3.可預約能眺望庭院的座位　4.穿過大門，來到有偌大櫻花樹的庭園，裡側就是咖啡廳

傳承茶傳統 老舖的時尚咖啡廳

2015年夏天開幕的優質咖啡廳，出自1860（萬延元）年的老茶鋪之手，隨處都能感受到店家的款待之心。建築翻修自江戶時代的製茶廠，內部的樑柱保留原貌，在此般雅緻的空間中，彷彿流動著特別的時間。以石臼磨出抹茶，口感圓潤；甜點用精選的食材製成，點餐後現做。講究味道的京都人回頭客很多，是間深獲好評的新宇治抹茶甜點名店。

uji sweets trip2

つじりへえほんてん
辻利兵衛本店

☎0774-23-1111 ⌂宇治市宇治若森41 ⏲10:00～17:00 休週二 👣京阪宇治站步行5分 MAP79

平等院一手打造 以五感品味宇治茶

專賣宇治茶的茶館，位在世界遺產平等院內。日本茶侍茶師以嚴選茶葉精心沖泡出的茶湯，喝得到驚人的甘甜味。之所以用紅酒杯裝盛上桌，是為了要讓客人盡情品味茶香。泡茶的倒水聲和器皿的觸感也都十分愜意，視、聽、嗅、觸、味五種感覺頓時活絡。吃口原創的鬆軟干菓子緩緩氣，接著用玻璃瓶中的水再沖一泡。「喝茶其實也能很瀟灑」——如此的發現也是平等院的伴手禮之一。

さぼうとうか
茶房藤花

☎0774-21-2861 ⌂宇治市宇治蓮華116（平等院境內）⏲10:00～16:00（會依淡旺季調整）
休週二 👣京阪宇治站步行10分

1.緊鄰鳳翔館，位處盎然綠意中。偏低的椅子讓人感到平穩　2.映照在玻璃杯中的景色也十分美麗。宇治玉露（冷茶）850日圓　3.宇治抹茶550日圓

宇治獨有的和×洋跨界甜點

寬廣的店內陳列著一排排甜點師特製的蛋糕、烘焙點心和饅頭等，日式西式皆有販售，是間甜食愛好者都來朝聖的咖啡廳。講究抹茶、日本國產麵粉等原料的甜點，也廣受當地人間的好評，有時才傍晚便銷售一空。因驚人的濃郁滋味而造成話題的「濃茶舒芙蕾」、將醬油口味饅頭捲入其中的「釜蒸饅頭蛋糕捲」等和洋跨界甜點，是僅有此處才嘗得到的美味。也可外帶當作散步時的好夥伴。

1.口感清爽的濃茶舒芙蕾195日圓。掛耳式咖啡500日圓（與蛋糕搭配成套餐時優惠200日圓） 2.大招牌為辨識標誌。天氣晴朗時露天座位也很舒適 3.釜蒸饅頭蛋糕捲1360日圓，以當地醬油商的醬油提味

かしこうぼうカマナリヤ

菓子工房 KAMANARIYA

☎0774-22-8820
宇治市宇治乙方52-5
10:00～L.O.18:30 休無休
京阪宇治站步行3分
MAP79

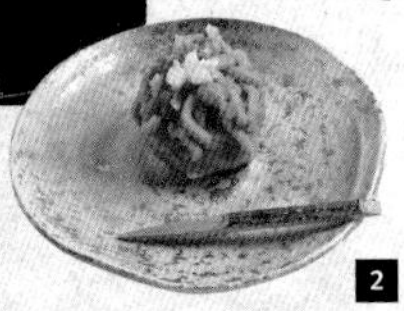

於正統茶室中品嘗抹茶及和菓子

宇治市經營的茶室，於此可品嘗抹茶、煎茶等道地的宇治茶及時令和菓子。除薄茶和和菓子的飲茶體驗外，若事先預約，也能進行親手打製抹茶的實作體驗。即使是初學者，主辦方也會從頭教起，因此可輕鬆體驗。

しえいちゃしつたいほうあん

市營茶室對鳳庵

☎0774-23-3334（宇治市觀光中心）宇治市宇治塔川2 10:00～L.O.16:00 休12月21日～1月9日 京阪宇治站步行15分 MAP79

1.手打抹茶體驗是椅子座位，因此不善跪坐也無妨 2.裝盛器皿出自宇治當地的工匠之手

1.綜合抹茶聖代972日圓，抹茶愛好者會一吃成主顧 2.白色的店面布簾為辨識標誌

多種充滿個性的抹茶甜點

自江戶時代起就持續從事茶產業，為宇治數一數二的老茶鋪。宇治本店中設有能夠歇腳的茶房，供應餡蜜、時令聖代、抹茶蕎麥麵等使用正宗宇治茶製成的餐點，而且種類十分豐富。亦售各式抹茶點心，推薦買回當做伴手禮。

いとうきゅうえもんほんてんさぼう

伊藤久右衛門 本店・茶房

☎0774-23-3955 宇治市莵道荒槙19-3 10:00～18:00 休無休 京阪宇治站步行5分 MAP79

co-Trip 街角時報 宇治

眾所皆知的《源氏物語》舞台及其產茶地，是個能夠盡享歷史、美食之趣的街區

樂聲響徹天際 精美的佛像世界

藤原道長於平安時代歌頌世間的春天而建的別墅，爾後其子賴通將之改成的寺院就是平等院起源，興建之時也蘊含了死後前往極樂淨土的祈願於其中。寺內有引導往生的阿彌陀佛與52尊雲中供養菩薩神像，特別是那些菩薩像，有的手拿樂器奏鳴天庭樂曲，有的以柔美身段翩翩起舞，有的則是雙手捧托靈魂，樣態實在變化萬千。看來前往極樂世界的途中，應該既肅穆但又熱鬧非凡吧。置身在夢境般美好氛圍中的一行人，目標是前往據說位於西方淨土的阿彌陀佛祖宮殿，相傳那裡漂浮在海洋遙遠的另一端，開滿朵朵荷花。當時的貴族，總是在內心描繪鳳凰堂的典雅輪廓，靜待往生時刻的到來。在看見平等院後，或許也能度過此般靜謐的片晌時光。

引導魂魄前往極樂淨土的阿彌陀佛像，是當時名工匠定朝的巔峰之作

びょうどういん
平等院

☎0774-21-2861 ⌂宇治市宇治蓮華116 ◷8:30～17:15 休無休 ¥600日圓 JR宇治站／京阪宇治站步行10分 MAP79

鳳凰堂映照池中的外觀左右對稱，十分美麗。也可入內參拜

隱居宇治的源氏物語公主們

神社內供奉的是仁德天皇及其弟菟道稚郎子命，建築則被視為是日本最古老的建築，至今還留有平安時代的風貌。神社內如今仍十分充沛的清澈水流，是宇治七名水之一的桐原水。此外，《源氏物語》中的角色薰時常到訪的八宮宅邸，被認為就在此處附近。豎起耳朵，彷彿能聽見兩位公主彈奏的琴聲乘風而至。

身為國寶的本殿是仿造平安時代的住宅

兔子籤各300日圓。源起宇治的舊名「菟道」，及神社供奉的菟道稚郎子

うじかみじんじゃ
宇治上神社

☎0774-21-4634
⌂宇治市宇治山田59
◷9:00～16:30 休無休
¥神社內自由參觀 京阪宇治站步行10分 MAP79

多走幾步路造訪芬芳 繡球花的花之寺

三室戶寺以「繡球花寺」聞名，是關西地區首屈一指的花之寺院。春天以櫻花打頭陣，接著還有石楠花、杜鵑花，夏天有荷花，秋天則是楓紅，全年五彩繽紛。繡球花苑中有50種共一萬株，令人讚嘆。位於山麓的寬廣寺內，有甜點店可暫歇。

創建於奈良時代的名剎。每到夏天本堂前便會開滿荷花，美不勝收

歇腳花之茶屋，享用繡球花刨冰

みむろとじ
三室戶寺

☎0774-21-2067
⌂宇治市菟道滋賀谷21 ◷8:30～16:30（11～3月～16:00） 休無休 ¥500日圓 京阪三室戶站步行15分

宇治當地名產 抹茶點心

在茶之鄉的宇治
好好享受
道地的抹茶甜點

宇治駿河屋的
茶香餅（3條裝）
324日圓

☎0774-22-2038
⌂宇治市宇治蓮華41
◷9:00～18:00
休 週三（黃金週無休）
JR宇治站步行6分
MAP79

通圓的
抹茶及甜點套餐680日圓

☎0774-21-2243
⌂宇治市宇治東內1
◷9:30～17:30
休 無休
京阪宇治站即到
MAP79

はんなりカフェ・
京の飴工房 憩和井 平等院店的
鳳凰鬆餅 980日圓

☎0774-23-0050
⌂宇治市宇治蓮華5-6
◷11:00～17:15（週六、日、例假日10:30～18:45）※視季節而異
休 不定休
京阪宇治站步行5分
MAP79

二条城

nijojo

二条城街區近來受矚目的程度正緩緩上升。
以三条通商店街為中心，話題店家林立。
走訪歷史痕跡的途中，也有許多讓人想進去歇腳片刻的咖啡店

探訪悠久的歷史 興奮不已的街坊探險

江戶時代，將軍雖然居住東京，但是在京都還擁有別處宅邸，那裡就是二条城。此城建於初代家康，第15代將軍慶喜實行大政奉還，此地爾後成為天皇的別宮，是座具有悠久歷史的古城。

南方則有間名為神泉苑的小寺院，平安時代的天皇及貴族，會在寺內池中乘船遊憩，奏樂吟詠詩歌。現今的庭園中依然留有那番的風雅面貌。

再往南邊走，佇立於該處的是昔日氣派的商家「二条陣屋」。此棟重視保安措施的建築，簡直就像是間機關屋敷或忍者屋敷，非常符合其作為江戶時代VIP專用的下榻處。

接著再往南邊前進，便會來到京都最大的拱頂商店街，三条會商店街。整條街起自千本通至堀川通，總長約800m。街上有高格調咖啡廳及日式、西式甜點店，人稱祇園祭發祥地的神社也坐落於此。

越深入了解這個街區，就能挖掘出越多有趣的事物，因此比起遊逛二字，用探險作形容更為合適。

三条會商店街的西側入口

充滿活力的二条會商店街

富含情調的三條若狹屋外觀

絢麗豪華的二条城唐們

八坂神社的境外末社「又旅社」

散發獨特風味的二条城東南隅櫓

拱形的法成橋@神泉苑

電影的拍攝場景之一

神泉苑池子的水鴨

AREA MAP

以三条會商店街為中心的小巷中，開著一間間話題咖啡廳
從日式老舖到驚艷四座的西式甜點，這裡應有盡有。

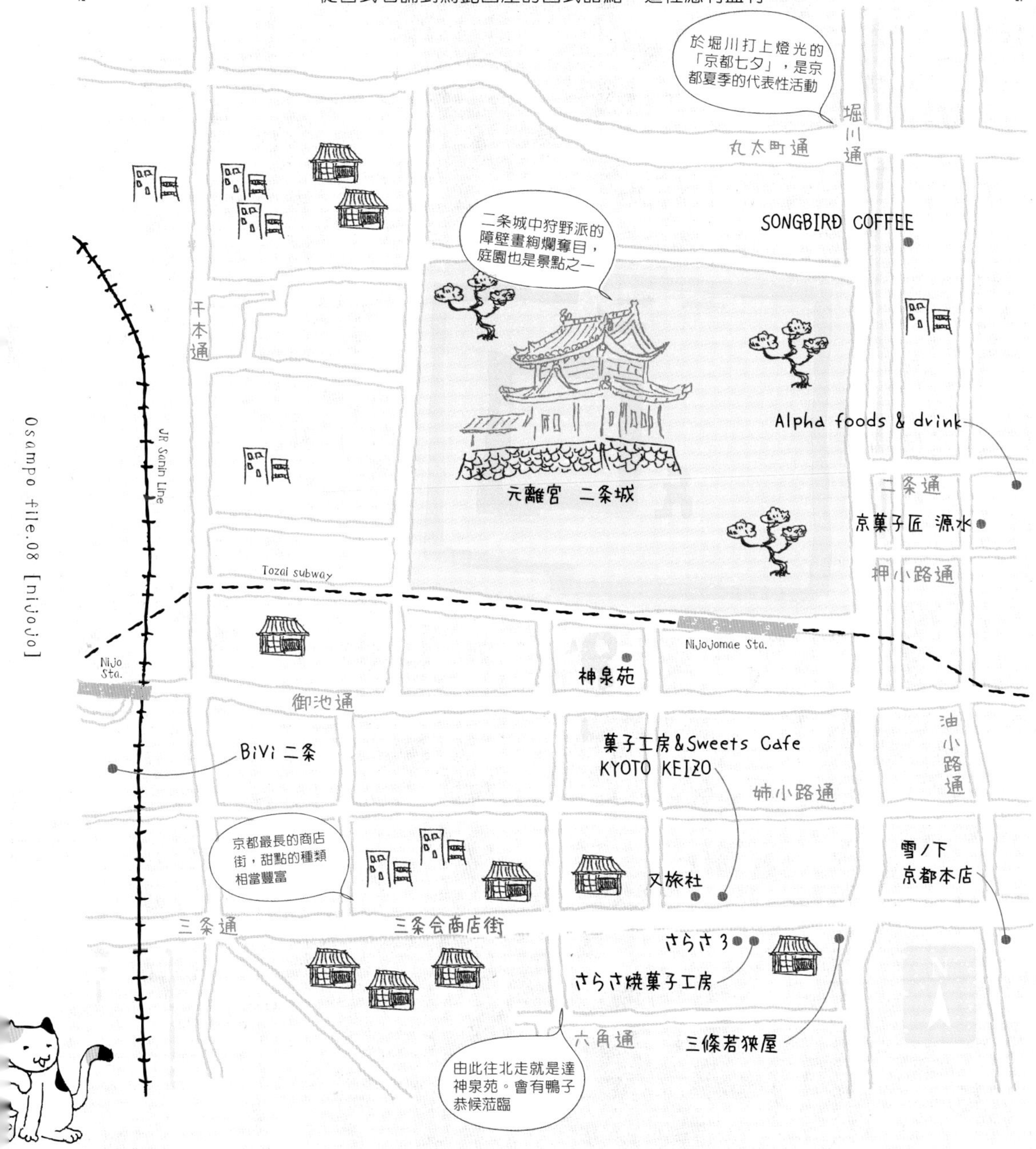

在時尚空間中享用分量十足的甜點

小心不要錯過掛在街邊的招牌，爬上樓梯後，映入眼簾的是一片相當雅緻的空間，形成一個冷冽及暖心風格相互交融的獨特世界。微微飄出萊姆酒香的法式吐司，是厚切長棍麵包搭配滿滿的奶油和香蕉。澆淋的糖漿可以調整甜度，讓人一下就能吃得精光。咖啡可依烘焙深淺從4種中擇一點用。而且只要花費200日圓就可續杯，想待多久都行。

1.法式吐司800日圓（15:00～才能點用） 2.從窗戶可觀賞到二条城的風景 3.香濃乳酪蛋糕550日圓，共有奶油乳酪、酸奶油、馬斯卡彭3種口味。咖啡500日圓（套餐則優惠100日圓） 4.入口處也相當時尚

ソングバードコーヒー

SONGBIRD COFFEE

☎075-252-2781
⌂京都市中京区竹屋町通堀川東入西竹屋町529 ⏱12:00～L.O.19:30
休週四，第1、3週三 地下鐵二条城前站步行8分 MAP85

1.店內裡側設有能悠哉放鬆的沙發座位　2.焦糖乳酪蛋糕500日圓及咖啡508日圓
3.氣氛自由奔放，能輕鬆到訪

備受當地人喜愛的咖啡廳喬遷後重新開幕

三条會商店街上延續著偌大的拱頂，於宛如此處綠洲般的咖啡廳裡，有很多當地熟客把此當作日常生活的一部分。店家在鋪設完水泥且不刻意刷飾的空間中，擺放溫和的木頭桌子。此店甜點使用的是隔壁さらさ焼菓子工房手工烘烤出的產品，不做作的美式西點塔和乳酪蛋糕相當受到歡迎。於此可單手拿著姊妹店CLAMP COFFEE SARASA烘焙的咖啡，再讀本好書，悠閒度過大好時光。

さらささん

さらさ3

☎075-811-0221 ⌂京都市中京区三条通猪熊西入ル御供町309 ⏲11:30～23:30 休最後的週三
👣地下鐵二条城前站步行5分 MAP85

1.3.藍色窗框是令人印象深刻的裝潢　2.餅乾（各1片）200日圓和m&m's cookie（3塊）230日圓

簡樸的烘焙工坊是さらさ的中央廚房

打開藍色門扉，店內牆上裝飾著令人懷念的黑膠唱片封套，這裡提供超過30種的烘焙點心。早餐可吃馬芬蛋糕，嘴饞時可來片餅乾，下午茶時間搭塊西點塔，此店是一整天都會在身邊的好夥伴。外觀雖然樸素，但卻具有讓人探尋美味口感的樂趣，有的吃起來柔潤，有的卻是鬆鬆脆脆，感覺添加了堅果或核桃。每日出門採買時順便買一些，或工作回家路上臨時起意上門消費，這是間可成為日常生活一部分的店家。

さらさやきがしこうぼう

さらさ焼菓子工房

☎075-822-1600 ⌂京都市中京区三条通猪熊西入ル御供町309 ⏲10:00～20:00 休週三
👣地下鐵二条城前站步行5分 MAP85

品嘗甜點烘焙坊現做美味，令人嚮往的10分鐘蒙布朗

據說這裡有種蛋糕賞味期限僅僅10分鐘，那就是從位在不同間的甜點坊護送而來的蒙布朗。軟綿的栗子奶油裡有鬆脆質輕的蛋白霜，吃過後就會深深愛上。可可風味的裝飾配醬，也讓人驚艷。正因為甜點坊可直通店家，所以才能品嘗到如此的口感，邊遠望甜點師細心製作的過程，邊等候的時間也是一種樂趣。

nijojo sweets trip4

かしこうぼうアンドスイーツカフェキョウトケイゾー

菓子工房&Sweets Cafe KYOTO KEIZO

☎075-821-0303
京都市中京区御供町293
11:30～22:00 休週三
地下鐵二条城前站步行6分
MAP85

1.傳說中的10分鐘蒙布朗756日圓　2.天氣晴朗時可到中庭的露天座位　3.室內狹長的町家，甜點坊位在不同房舍的　4.烤蘋果希布斯特777日圓，卡士達奶油和蛋白霜是絕妙組合

彷彿從童話中跑出來的可愛鬆餅

店家使用土雞蛋等精選食材，精心烘烤出厚度達4cm的鬆餅就是「京都宇治抹茶醬搭配國產香純奶油及自製紅豆餡」。綿密的鬆餅上抹茶美麗的翠綠色若隱若。濃郁高雅的風味，會讓顧客會帶著比上門時更為燦爛的笑容回家。

1.屋齡80年的京都町家　2.有3種鬆餅口味可供選擇。照片是「宇治抹茶之綠」864日圓

ゆきのしたきょうとほんてん

雪ノ下 京都本店

☎075-201-7318 京都市中京区三条油小路町145-1 平日、週日、國定假日10:00～L.O.17:20，週六～L.O.18:20 休週一（逢假日則翌日休）地下鐵二条城前站步行5分 MAP85

除病招福，散發白味噌香氣的麻糬甜點

京都夏天的重頭戲就是祇園祭，過去祭典坐在長刀鉾上的稚兒，用來招待祭典各負責人的就是稚兒餅。包在求肥麻糬裡的甜白味噌香氣輕柔四溢，冰餅微脆的口感，吃起來喀茲作響。由於不論幾根都能吃得精光，會讓人想要外帶回家。

1.稚兒餅套餐（咖啡）500日圓　2.創業於1893（明治26）年，店家位在三条商店街的入口

さんじょうわかさや

三條若狹屋

☎075-841-1381 京都市中京区三条通堀川西入ル橋西町675
9:00～17:30（咖啡廳10:00～17:00）休週三 地下鐵二条城前站步行5分 MAP85

co-Trip 街角時報

二条城

以二条城為中心開設的一間間老店中，近年來增加許多以年輕人為取向的個性商店。

在歷史波濤下譜出淒美的愛情故事

嫁給14代將軍德川家茂的和宮，原本曾有位未婚夫有栖川宮熾仁親王。和宮雖然嫁給了家茂，但家茂卻有些掛心，因此傳說家茂在二条城內執掌政務時，曾購買西陣織腰帶作為給和宮的禮物。而在此城休憩處GREEN CAFE STYLE茶乃逢二条城店裡，推薦點用黃金霜淇淋，藉此一邊想像幕末悲劇女主角和宮那段淒美的愛情故事，一邊享用可口美味。

大廣間是當年大政奉還的舞台。狩野派金碧輝煌的障壁畫十分相襯

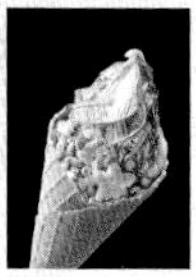

黃金霜淇淋新綠之石庭1200日圓

もとりきゅうにじょうじょう
元離宮 二条城

☎075-841-0096 ⌂京都市中京區二条通堀川西入二条城町541 🕒8:45～16:00（閉城17:00）休須詢問 ¥600日圓 地下鐵二条城前站步行5分 MAP85

平安時代的祈雨傳說

真言宗寺院「神泉苑」落成於平安京建成時，當時的天皇和貴族會乘船遊池，吟詠歌曲、奏鳴管弦盡情享樂。該處寬闊的池子供奉著空海和尚請來的善女龍王，每逢乾旱時便成為祈雨的地方。據傳弘法大師空海、美貌出眾的歌姬小野小町、純純愛戀源義經的靜御前等歷史名人，都曾於此祈求天降甘霖，讓世人見識龍王的神力。另外，此處也以祇園祭發祥地而聞名。苑池雖在二条城築成後大幅縮小，但是現今仍有船行駛於上，佇立於靜御前的朱紅色法成橋，也將平安時代的風雅傳承至今世。

在風雅的池畔也可見到令人莞爾的鴨子

しんせんえん
神泉苑

☎075-821-1466 ⌂京都市中京區御池通神泉苑町東入ル門前町166 🕒8:30～20:00 休無休 ¥院內自由參觀 地下鐵二条城前站步行3分 MAP85

為京菓子專業師傅的細膩手藝深深著迷

江戶後期創業的和菓子店，店家位在二条城東方。代表銘菓「常磐木」是道半生菓子，將大納言紅豆的美味緊緊鎖在內，連川端康成都格外喜愛。店主井上先生是追求極致製造工藝的「全技連大師」和菓子製造部門中，少數獲得認定的人之一，他運用砂糖、糯米製的寒梅粉等，以京都花鳥風月為模型做成的「工藝菓子」馳名全球。每處花瓣和松葉等全是手工製作，完成一件作品須耗時3～4個月。參觀後必然會深深迷上工藝菓子的華麗外觀和師傅的細膩手藝。

店頭展示著工藝菓子的實物

象徵松木樹幹的常磐木1個135日圓

きょうがししょうげんすい
京菓子匠 源水

☎075-211-0379 ⌂京都市中京區油小路通二条下ル 🕒9:00～18:00 休週日、例假日 地下鐵二条城前站步行6分 MAP85

令人驚豔的創意

個性派點心

以雲朵或礦物為主題。嶄新的構思受到矚目的是當今受到矚目的甜點。

\\ 在社群媒體掀話題！日本首見浮雲咖啡 //

以咖啡熱氣溶化浮置在上方的棉花糖，藉以取代砂糖的雲下咖啡702日圓。此外，還有中國、台灣等地大受歡迎的盆栽甜點等新穎的餐點，大大吸引群眾的目光。

アルファフーズアンドリンク
Alpha foods & drink

☎075-286-8285 ⌂京都市中京區西大黒町327 🕒12:00～23:00 休週三 地下鐵二条城前站步行7分 MAP85

\\ 即便多走幾步路也想到訪 讚嘆自然美的蛋糕 //

此咖啡廳以美麗的自然造型為主題。仿造礦物製作的黑巧克力蛋糕590日圓等，風格獨創且口味絕佳的餐點廣受好評。

ウサギノネドコ カフェ

☎075-366-6668 ⌂京都市中京區西ノ京南原37 🕒11:30～20:00（午餐～14:30，輕食、正餐14:30～）休週四 地下鐵西大路御池站步行5分 MAP125 C-3

嵐山

arashiyama

充滿水色與綠意的嵐山自平安時代起就是度假勝地。
春有櫻花、秋有楓紅，再加上嵯峨野的竹林，
欣賞風景的同時，還可享用美味的甜點。

陽光穿過枝葉灑落進莊嚴的竹林小道

嵐山象徵，渡月橋

從龜山公園的眺望台欣賞保津峽

佇立於竹林中的戀愛神社，野宮神社

位在天龍寺庫裏（僧侶起居室）的達磨圖

天龍寺的曹源池庭園

幽幽竹林與四季皆有美景的嵐山

嵐山自平安時代起就是風光明媚的休閒勝地，在此刻劃出無數的故事。貴族們以乘船遊保津川，於群山中控鷹狩獵為樂。著名的光源氏，擔心舊情人的女兒而到訪的地方就是野宮神社。《平家物語》中，高倉天皇為了追回遭到拆散的情人，還從京城遠道而來。此處不僅是風景秀麗，還是個能讓人內心湧現雋永傷悲的世界。

若要遊逛嵐山，建議先到天龍寺參觀。於此飽覽王朝風雅及禪學精神融合出的美麗庭園後，接著前往竹林，那裡是處神祕的世界，陽光穿過枝葉灑落，靜謐之中只聽得見竹葉摩擦所發出的沙沙聲響。再直接順著道路前進到龜山公園，從眺望台遠望壯麗的峽谷也是一大享受。最後以嵐山為背景，對著緩緩流動的桂川及渡月橋按下相機的快門。還可到河畔的咖啡廳，邊欣賞嵐山的大自然，邊徜徉在極致舒適的時光之中。

若延長旅程範圍至二尊院，在寺內可看見刻有「小倉豆餡發祥地」的石碑。

AREA MAP

天龍寺、竹林及渡月橋為必訪景點。
到此飽覽嵐山和桂川的自然美景吧

Osampo file.09 [arashiyama]

每到夏季就會想念清涼的夏蜜柑甜點

酸味一如往昔強勁的夏蜜柑，如今成了清涼感四溢的甜點。由於是以寒天使其定型，因此會於口中輕輕崩散。爽口的酸味、清爽的香味和微微的甘甜，讓人忘卻夏天的炙熱。茶房中以冰水冰鎮至恰到好處的蕨餅也很受歡迎。

おいまつあらしやまてん

老松 嵐山店

☎075-881-9033 ⌂京都市右京区嵯峨天龍寺芒ノ馬場町20 ⏲9:00～L.O.16:30 休不定休 👣JR嵯峨嵐山站步行10分 MAP91

1.上生菓子北野梅389日圓
2.店家位在嵐山的主要街道上
3.夏季限定的夏蜜柑糖1個1296日圓

於融合和風品味的咖啡廳中悠然度過

到訪ひゅーめ可輕鬆品嘗京都及嵐山的當地特色餐點。抹茶提拉米蘇以苔園箱庭為設計意象，上頭充滿京都風情的生菓子有畫龍點睛的效果。另外還有附上茶筅的高級冒泡咖啡等，讓人感到有趣的獨創品項。

1.抹茶提拉米蘇（豆腐樣式）500日圓
2.附設足湯，療癒遊逛嵐山時的疲勞

わカフェひゅーめ

和カフェひゅーめ

☎075-872-5113 ⌂京都市右京区嵯峨天龍寺造路町33 ⏲9:30～L.O.17:30（視季節而異） 休無休 👣嵐電嵐山站步行10分 MAP91

保津川和嵐山交織出的絕景河岸咖啡廳

咖啡廳位在飯店腹地內，能夠遠眺流水潺潺的保津川和嵐山的綠意。本葛的翡翠麻糬，豪奢地使用了許多一保堂的抹茶，如寶石般的光澤閃爍得會奪走人心一樣。在此品嘗餐點，就像坐擁嵐山的大自然。

1.翡翠麻糬702日圓（加10%服務費）。提供黑糖蜜和大豆粉，令人期待變化出的好滋味 2.保津川河畔的露天座位是能放鬆心情的特等座位

さりょうはっすい

茶寮 八翠

☎075-872-1222 ⌂京都市右京区嵯峨天龍寺芒ノ馬場町12 翠嵐 ラグジュアリーコレクションホテル 京都 ⏲11:00～L.O.17:00（視季節而異） 休無休 👣嵐電嵐山站步行6分 MAP91

在能欣賞枯山水的房屋內，度過優雅的下午茶時光

嵐山少數的紅茶專賣店。店主會親自替客人沖泡精挑細選的印度或斯里蘭卡產的茶葉。司康餅是遵照英國的製作方式製成，口味道地，還會附上自製果醬及奶油。坐在緣廊上的沙發座位上遠望庭園，享受打盹的午後片晌。

アンナマリア

Anna Maria

☎075-871-5087 ⌂京都市右京区嵯峨天龍寺北造路町13 ⏲10:00～L.O.18:00 休週二、三（視季節而異） 👣JR嵯峨嵐山站步行7分 MAP91

1.像是引人前往另一個世界的石階也非常雅緻 2.店家自製司康餅400日圓和阿薩姆紅茶800日圓

有益健康的老祖宗智慧，發酵食品×甜點

為甜點專賣店，使用有益身體健康的發酵食品製作商品。「招牌巧克力塔」是採用天然酵母發酵而成的藍黴乳酪搭配巧克力，無論是酵母、乳酪還是巧克力，皆屬發酵食品。提供藍黴乳酪、萊姆葡萄乾、發酵奶油&覆盆子、味醂4種口味，發酵的力量也替甜點增添了美味。另外也推薦使用日本傳統甜米酒製成的甜點和飲品。

1.招牌巧克力塔各500日圓
2.修道院酥餅600日圓及當季水果酵素果汁500日圓
3.店家象徵色調的紅藍金3色，源自古代的發酵文明
4.可內用的咖啡廳空間

はっこうしょくどうカモシカはっこうマルシェ

発酵食堂カモシカ 発酵マルシェ

☎075-748-0186 ⌂京都市右京区嵯峨天竜寺若宮町21-2 ⏰11:00～17:00 休不定休 JR嵯峨嵐山站即到 MAP91

---

co-Trip 街角時報 嵐山

嵐山自平安時代起便是風光明媚、備受喜愛的休閒勝地。它的魅力至今依舊不減。

甜蜜又悲戚的羅曼史和香甜又有趣的點心

保津川和群山交織出的開闊壯麗風景，和神秘的竹林正是嵐山的魅力。《平家物語》中，此地為描繪高倉天皇和小督局那段甜蜜又淒美愛情的舞台。江戶時代的平民會來此欣賞春天櫻花、秋天楓紅，好不熱鬧。特別是櫻花，不單可用眼睛觀賞而已。嵐山開有多間櫻餅老舖，由於各店對餅的顏色和櫻葉包法都有各自的講究，比較其不同之處也頗有樂趣。至於堪稱嵐山地標的渡月橋，從前有位天皇於秋夜乘船出遊時，在此留下一句「恰似月兒渡橋來」，這句浪漫的話語便是橋名的由來。最近，以這座橋為主題設計出了無力系吉祥物「月橋渡」，其人氣正在竄升中。角色的周邊商品從生活用品到餅乾，種類琳瑯滿目。看完商品上月橋渡那些不爭氣的發言後，不禁令人莞爾。

染成一片櫻粉色的嵐山地標渡月橋

月橋渡 角色餅乾 540日圓

いしかわたけのみせ

いしかわ竹乃店

☎075-861-0076 ⌂京都市右京区嵯峨天龍寺造路町35 ⏰10:00～18:00（12～3月為11:00～17:00）休無休 嵐電嵐山站即到 MAP91

心靈彷彿獲得淨化 相阿彌打造的優雅庭園

青蓮院門跡是京都五箇室門跡之一，是間高雅的寺院，住持一職代代皆是由親王出任。從能夠喝碗抹茶的華頂殿，可眺望出自室町時代繪師相阿彌之手而聞名的池泉回遊式庭園。此處以粟田山為背景，亮麗青苔及四季不同的花朵繽紛了庭園，這般舒爽的感受像是淨化了心靈。每當5月的霧島杜鵑花開、秋天楓紅時，更添此處的華美。

3

2

1

1.寺內隨處都能欣賞美麗的庭園　2.華頂殿中有畫師木村英輝繪製的荷花紙門畫，鮮豔的色調也替寺院平添光彩　3.風味高雅的黃味餡青蓮饅頭也十分美味。品茗500日圓　4.從華頂殿眺望的庭園相當開闊

|| 東山 ||

青蓮院門跡 しょうれんいんもんぜき

☎075-561-2345 京都市東山区粟田口三条坊町69-1 9:00～16:30 休無休 ¥500日圓 地下鐵東山站步行5分 MAP124 E-3

4

庭園景致讓人放鬆
抹茶 at 寺院

遠望庭園和大自然，靜心品嘗一碗抹茶
參拜寺院還能享用抹茶，
可以度過迥異於日常的特別悠閒時光。

1

大自然美景環繞
大原的幽靜寺院

三千院也以賞楓勝地聞名遐邇。寺內有聚碧園及有清園2座庭園，客殿面對採用池泉鑑賞式的聚碧園，內部設有品茗的座位。庭園以大自然的樹林為背景，視野極為遼闊，在舒適的靜謐籠罩之下，讓人幾乎忘卻時間的流逝。品嘗完抹茶後，繼續前往杉木林間長有整片青苔的有清園，欣賞絕美景色。

2

3

|| 大原 ||

三千院 さんぜんいん

☎075-744-2531 ⌂京都市左京区大原来迎院町540 ⏲8:30～17:00（12月8日～2月9:00～16:30）㊡無休 ¥700日圓 JR京都站搭乘京都巴士17、18路往大原，1小時後於終點下車步行10分

1.有清園內建有安放國寶阿彌陀三尊的往生極樂院　2.聚碧園為江戶時代茶道專家金森宗和修築的池泉鑑賞式庭園　3.客殿內由於可坐至屋簷下，因此可近距離觀賞庭園　4.自栃木縣送來的三山羊羹十分可口。茶席500日圓

4

喝碗抹茶
遠眺宛如裱框畫般的庭園

距離京都車站最近地方為東山，於人稱東山內廳的雲龍院中，一間間房間像是包圍庭院一般。內有圓形悟之窗和正方形迷之窗的悟之間、望出雪見障子能看到「色紙狀景色」的蓮華之間等，無論位在哪個房間，都能欣賞到如畫一般的景色，僅此可見。由於在任何一間房內皆可享用抹茶，因此能在喜愛的景緻前，度過一段心靜的時光。

1.從悟之窗觀賞到的景色就如一幅畫
2.任何一間房都能欣賞到著名的庭園
3.蓮華之間從障子窗能見到山茶花、石燈籠、楓、松4種名為「色紙狀景色」　4.觀賞庭園時配上一碗，抹茶500日圓

|| 泉涌寺 ||

雲龍院 うんりゅういん

☎075-541-3916 京都市東山区泉涌寺山内町36 9:00～16:30 休無休（有時會依活動公休）¥400日圓 市巴士泉涌寺道步行15分 MAP 124 E-4

1.以昭和名園遠近馳名的余香苑 2.走過石板小路前往庭園　3.在茶席上可享用「もちどら」，此甜點上還蓋有源自寺藏「　　瓢曜圖」的燒印。茶席500日圓（品茶僅受理至16:30）　4.余香苑四季富含變化的景色十分優美

追求靜謐時光
到訪妙心寺的塔頭

退藏院以日本最大禪寺妙心寺的古剎而聞名，寺內有室町時代建造完成的枯山水庭園，以及人稱「昭和小堀遠州」的造園家中根金作打造的余香苑，這些新舊名庭正是必訪景點。特別是余香苑，此園占地多達2600㎡，能欣賞到四季的應景花卉，從設於附近的茶席，更可飽覽春櫻綻放、秋季楓紅的四季變化。

‖花園‖

退藏院 たいぞういん

☎075-463-2855 ⌂京都市右京区花園妙心寺町35 ⏲9:00～17:00 休無休 ¥500日圓 👣JR花園站步行7分 MAP125 C-2

古都美景就在眼前
歡迎光臨
絶景咖啡廳。

大片玻璃窗另一端緊鄰的就是與聖德太子有關的六角堂！

「星巴克咖啡京都烏丸六角店」中，整面牆都裝上玻璃，望出這扇偌大的窗戶，六角堂近在眼前。相傳聖德太子建立的頂法寺的本堂正是六角堂，於店內可邊感受寺院的幽靜情調，邊享受咖啡時光。此外，店內的和服繡帷也是必看之物，這些皆出自京都染色家大村幸太郎之手。

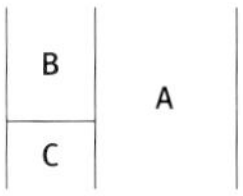

Recommend Sweets

備受歡迎的星巴克拿鐵356日圓～搭上厚實的巧克力司康餅270日圓，相當絕配

|| 烏丸御池 ||

A **星巴克咖啡 京都烏丸六角店**
スターバックスコーヒーきょうとからすまろっかくてん

☎075-257-7325 ⌂京都市中京区六角通東洞院西入堂之前町254 ⏲7:00～22:00（週六、日、假日8:00～） 休不定休 👣地下鐵烏丸御池站步行3分 MAP124 D-3

Recommend Sweets

串餅350日圓，其外皮在紅豆水中浸泡過，裡頭包著香甜的紅豆。也有附上黑豆茶的套餐

|| 下鴨 ||

B **さるや**

☎090-6914-4300 ⌂京都市左京区下鴨泉川町59 下鴨神社境內 ⏲10:00～16:30 休無休 👣市巴士下鴨神社前步行5分 MAP124 E-2

Recommend Sweets

高台寺特調咖啡430日圓和好搭配的各式抹茶甜點。推薦點用抹茶聖代850日圓

|| 東山 ||

C **SLOW JET COFFEE 高台寺**
スロージェットコーヒーこうだいじ

☎075-533-7480 ⌂京都市東山区下河原通高台寺下河原町526　高台寺境內 ⏲9:00～L.O.17:30（高台寺夜間特別參拜時～L.O.21:30） 休無休 👣市巴士東山安井步行5分 MAP124 E-3

店家位處下鴨神社內！

身為世界遺產的下鴨神社，是代表京都的神社之一，甜點店「さるや」靜靜地佇立於其內。店家根據文獻，重現睽違約140年的串餅，店內以此甜品為招牌，夏季還提供限定的刨冰。設於屋外的座位採舊時的茶屋風格，客人能在下鴨神社盎然綠意的療癒中，品味沁心透涼的片刻時分。

從露天座位往外一望八坂塔盡收眼底！

「SLOW JET COFFEE高台寺」於歷史達400年之久的高台寺內開幕，店裡除道地的自家烘焙咖啡外，也備有各式抹茶甜點。店家由於位處高地，因此能遠望富含情調的街景，其中還坐落著東山象徵的八坂之塔，天氣晴朗時的日落景緻也是必賞美景。

cotrip column

寺院＆神社的著名點心

守護京都鬼門的吉田神社 攝社供奉的是點心之神

據說日本存在眾多神明，數量高達八百萬之多。以太陽神、月神為首，連爐灶和工具也都有專屬神明，當然料理和點心亦不例外。走趟吉田神社，造訪內部供奉的點心之神吧。

首先參拜本宮，接著不斷地往深處前進後，就能在一處在平緩的石階旁看見刻有「菓祖神社」的石碑，此處祭祀著2位神明。一位是田道間守。此人於神話時代受天皇之命，遠渡重洋前去探尋名為「非時香菓」的長生不老靈菓。他歷經千辛萬苦，終於獲得樹果回到國內，但那時天皇已駕崩，爾後也追隨天皇步上了黃泉路。田道間守當時帶回的是「橘子」，在沒有砂糖的古代，帶有「甜味」的水果是珍貴之物。另一位則是於室町時代在日本做出第一個饅頭的林淨因（→P.45兩足院）。於京都展開甜點之旅前，可以到此祈願：「希望和田道間守和淨因一樣，能夠遇見令人驚豔的點心。」

1.在京都點心業界的協助下於1957（昭和32）年創建的新神　**2.**吉田神社的所在地神樂岡是處聖地，相傳是「眾神聚集的山丘」。呈現八角形的大元宮中，供奉著全日本3132柱神明

かそじんじゃ（よしだじんじゃ）

菓祖神社（吉田神社）

☎075-771-3788 京都市左京区吉田神楽岡町30 吉田神社境內 神社內自由參觀 休 無休 ¥ 免費 !! 市巴士京大正門前步行10分 MAP 124 E-2

源起於知恩院 七大不可思議的和菓子

鎌倉時代，法然上人葬於東山的中腹一帶，爾後有人為了參拜者建起寺堂，歷經長年發展最後變身為廣大的寺院。於此期間流傳下來大小奇聞軼事，形成「知恩院七大不可思議」為後人津津樂道。例如御影堂屋簷裡擺了一把目前只剩骨架的雨傘。據說那是隻因寺院建立而被趕離住所的白狐，為感謝寺方替牠蓋好新住居，所以放了把傘保護寺院以當作謝禮；又有一說是古時名工匠左甚五郎為了驅魔所放置的。此般的神秘謎團共有7處，不妨到訪知恩院，來趟探尋不可思議之旅吧。

七大不可思議之一的白木棺安置於三門

七大不可思議化為甜點了 忘卻傘（6個裝）980日圓

ちおんいん

知恩院

☎075-531-2111 京都市東山区林下町400 9:00～16:00（關門16:30） 休無休 ¥寺內免費（方丈庭400日圓、友禪苑300日圓） !!市巴士祇園步行10分 MAP124 E-3

（御影堂正在進行大修復至2019年，目前沒辦法入內參觀。）

くぎぬきじぞう（しゃくぞうじ）

釘拔地藏（石像寺）

☎075-414-2233 京都市上京区千本通上立売上ル花車町503 8:00～16:30（關門） 休無休 ¥寺內免費 !!市巴士千本上売即到 MAP124 D-2

本堂前的大型拔釘鉗能幫人拔去「苦痛」

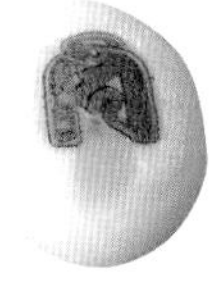

僅地藏慶典日會販售的地藏餅300日圓。上頭有拔釘鉗烙印，感覺經過地藏加持

每月24日限定 去除苦痛的地藏餅

擁有起自平安時代悠久歷史的著名寺院中，於本堂前放置著一個奇怪的物體。很久很久以前，一位居住在此附近的商人，感受到雙手劇烈疼痛，因而來到此處參拜地藏菩薩，結果回去後便夢到地藏降示說：「你前世在草人上打釘子，這是你詛咒他人的報應。我來幫你拔除吧」。商人清醒後疼痛消失得一乾二淨，他感到不可思議，急忙前往地藏菩薩之處。結果，那邊的地上躺著2根沾血的八寸釘。從此之後，該地藏就被奉為去除苦痛的「釘拔地藏」並且香火鼎盛，每月24日的慶典日時，居住在附近的信眾都會聚集到寺裡。當天到此聆聽住持傳道後，吃碗寺方招待紅的豆湯休息片刻吧。僅慶典日販售的麻糬，設計成拔釘鉗的圖案。

cotrip column

Popular refreshments of Temple & Shrine

京都的冬季風情
吃塊甜辣白蘿蔔祈願無災無病

京都冬季的象徵風景之一就在「大根焚」。這個儀式是用來慶祝、感念釋迦牟尼佛祖勇敢面對惡魔的誘惑，於菩提樹下順利悟道。

在京都有多間寺院都會舉行此儀式，其中最為著名的是12月7、8日舉行的千本釋迦堂。寺方會在白蘿蔔上寫梵文，並於祈禱諸病消散。以大鍋子燉煮，再分裝好的碗中，會放進3大塊白蘿蔔及香甜炸豆腐，吃起來既暖口又柔軟，也燉煮的十分入味。由於是熱騰騰的菜餚，因此發冷的身體也能變得暖烘烘。在甜點之旅途中，會有想換換口味的時候，這時不妨吃塊甜辣口感的白蘿蔔。

清淡高湯
暖人心肚

品嘗確實燉到入味的白蘿蔔及炸豆腐。大根焚券1000日圓

本堂為國寶，是京都市區中最古老的木造建築

せんぼんしゃかどう（だいほうおんじ）

千本釋迦堂（大法恩寺）

☎075-461-5973 ⌂京都市上京区七本松通今出川上ル ◷9:00～17:00 休無休 ¥境內免費（本堂、靈寶殿600日圓） 市巴士上七軒即到 MAP125 C-2

享用後祈願去除厄運
大門前的名產「烤餅」

今宮神社因日文「玉の輿」一詞的由來而聞名，其通往大德寺的參道上，有2間茶房對門營業。分別是「一文字屋和輔」和「かざりや」，兩邊都是販售神社門前名產「烤餅」的店家，舉說此烤餅受過神明加持，可阻擋病疫、去除厄運。將大豆粉麻糬以炭火烤至微焦，沾上香甜的白味噌醬後享用。由於是一口大小，因此食量較大的人應該能一次輕鬆吃完2份。

擁有千年歷史的一文字屋和創業於江戶時代的かざりや，在醬汁及炙烤方式上有各自獨到之處，也各有各的愛好者。店家站在參道兩側攬客，是從江戶時代延續至今的規矩。不斷猶豫要到哪間用餐，倒也是一種樂趣。

今宮神社東門參道上有2間對門開設的茶屋

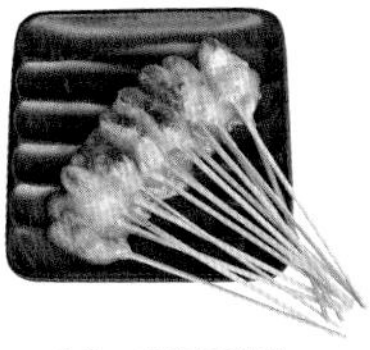

此為一文字屋和輔（一和）的烤餅，一盤500日圓

いまみやじんじゃ

今宮神社

☎075-491-0082 ⌂京都市北区紫野今宮町21 ◷神社內全天開放（社務所9:00～17:00）休無休 ¥神社內免費 市巴士今宮神社前即到 MAP124 D-1

京都福建的鄉土伴手禮
「吃饅頭人偶」的故事

觀光客如織的伏見稻荷大社參道上，店家林立，販售著富饒幽默的大眾化人偶。

相傳稻作之神居住在稻荷山上，江戶時代流行把此山的土壤帶回當作伴手禮，據說因此催生出用稻荷山挖掘來的黏土製作的伏見娃娃，種類以神社標誌的狐狸，吉祥物的招財貓、十二生肖和以當時生活為主題的產品。其中吸引眾人目光的，是表情像是想說什麼，手裡還拿著饅頭的人偶。這種人偶身上，其實有這麼一段小故事。

有個人詢問一名孩子：「你喜歡爸爸？還是媽媽？」，結果小孩把手上的饅頭掰成兩半後回答：「那你覺得哪一個比較美味？」他手上的饅頭即使形狀和大小有些許落差，但都是相同的味道。據傳當時的世人感佩孩子的機靈妙答，因而懷抱著「希望家裡孩子能增長智慧」的願望，爭相搶購吃饅頭的人偶。

江戶時代此處有多達60間的窯戶，但知今僅存「丹嘉」一間堅守傳統的老舖。

分成兩半的饅頭
你會挑哪一個？

來此可購得

丹嘉【たんか】

☎075-561-1627 ⌂京都市東山区本町22-504 ◷9:00～18:00 休週日、例假日 JR稻荷站/京阪伏見稻荷站步行5分 MAP124 E-4

八橋，不斷進化

招牌京都伴手禮「八橋」搖身變成可人的生菓子。
反映出季節、仿造花卉或動物的夢幻風貌，
觸動著少女情懷。

時令生菓子（2個一組）594日圓　**1.**盛開於藍天之下的櫻花讓人神清氣爽　**2.**松鼠和蘑菇那圓滾滾的外形呈現出秋天般暖烘烘的溫度　**3.**五顏六色的可愛玫瑰花　**4.**告知春天降臨的樹鶯與枝頭綻放的梅花
※設計視季節而異

nikiniki

ニキニキ

〈四条河原町〉075-254-8284 京都市下京区四条西木屋町北西角
10:30～19:00 不定休 阪急河原町站即到 124 E-3

購買京都點心趣

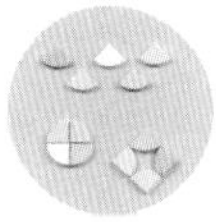
104
堪比藝術的干菓子

108
繽紛四季的上生菓子

110
透明澄澈的和菓子

112
麵包小點

114
魅力滿分的巧克力專賣店

116
養生食材製成的點心

118
京都和菓子年曆

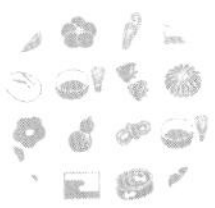
120
甜點紋樣的生活用品

「堪比藝術品的干菓子」

五顏六色的可愛干菓子，讓人捨不得放入口中。由於保存期限長，因此非常適合作為伴手禮。

就像是圖畫，十分有趣

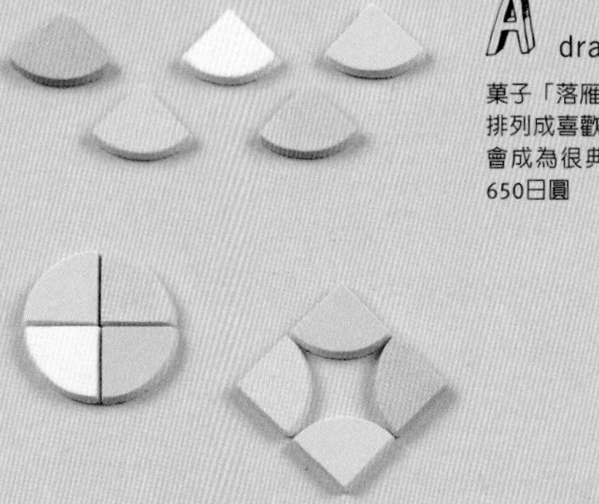

A drawing

菓子「落雁」，外型切成4分之1圓。排列成喜歡的形狀後，有客人時感覺會成為很典雅的款待方式。20個裝650日圓

嶄新的設計與口味

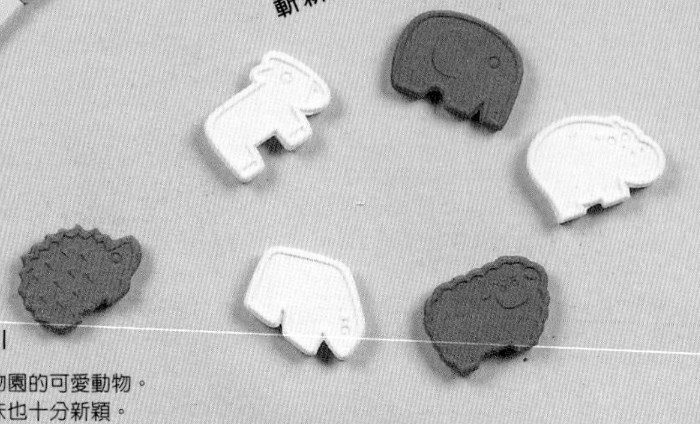

A animal

像是群來自動物園的可愛動物。可可和香草口味也十分新穎。6個裝650日圓

簡約造型裡蘊藏的四季荏苒

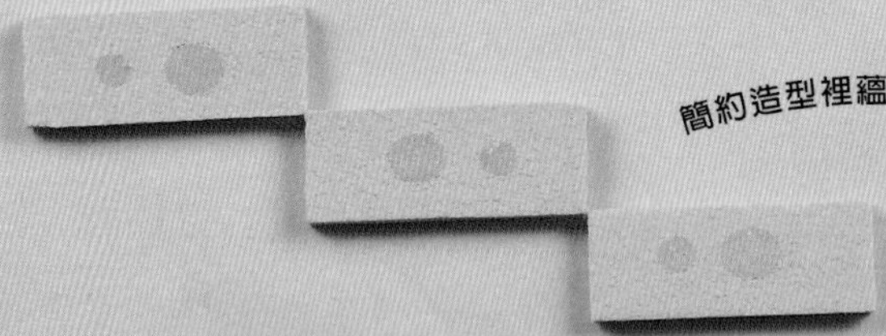

B 大原路（秋之山）

以長方形的菓子「落雁」和置入其中的圓形菓子「州濱」表現四季之美。簡約的造型組合散發出時尚氛圍。16塊裝1404日圓

B 亀屋良永
かめやよしなが

創業於1832（天保3）年的老店。招牌點心「御池煎餅」口感清爽、無負擔，十分知名，擁有眾多來旅行便會上門的常客。「大原路」是現任店主構思出的產品。

〈京都市役所前〉☎075-231-7850 ⌂京都市中京区寺町通御池下ル下本能寺前町504 ⏲8:00～18:00 休週日，第1、3週三 !!地下鐵京都市役所前站即到 MAP 124 D-3

A UCHU wagashi FUKIYOSE 寺町店
ウチュウワガシフキヨセてらまちてん

京都發跡的和菓子品牌，也有著手開發菓子的外型。產品不僅外型時髦，還以入口即化的和三盆糖為基底，加入紅茶等製成多種充滿個性的口味，這些都是受歡迎的秘訣。

〈御所東〉☎075-754-8538 ⌂京都市上京区寺町通丸太町上ル信富町307 ⏲10:00～18:00 休週一（逢假日則翌日休）!!京阪丸太町站步行4分 MAP 124 D-2

包裝也充滿個性

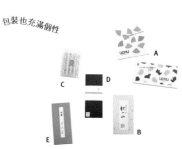

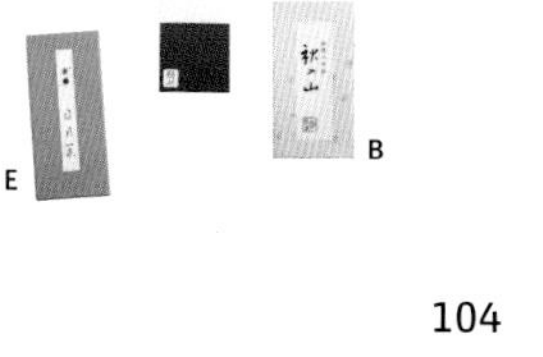

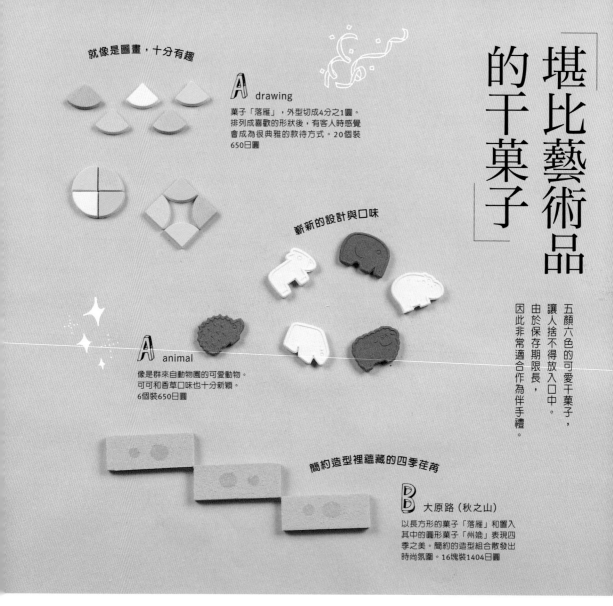

ART OHIGASHI

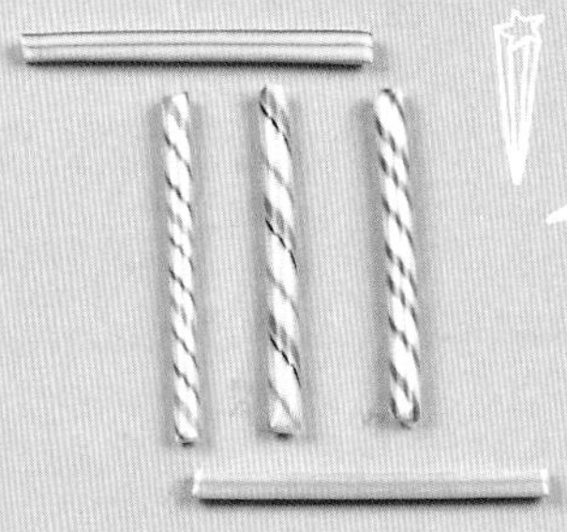

以傳統色調表現京都名勝

C 有平糖

五彩繽紛的配色分別都代表不同的京都名勝古蹟的意象，高雅的甜味，入口即化。5條540日圓

五顏六色的千鳥翱翔眼前

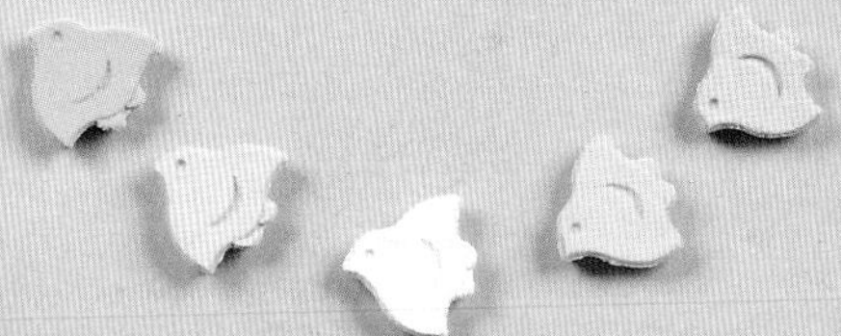

D 和三盆千鳥

具有傳統的先斗町象徵「千鳥」換上繽紛色彩後，一口氣變得現代感十足。入口即化的滑順口感也是一大魅力。10個裝960日圓

時尚配色讓人愛不釋手

E 日月菓（朱雀）

產品共有4色，每種顏色都給人亮麗洗鍊的印象。是與人氣文具店「裏具」的跨界聯名合作。10條裝864日圓

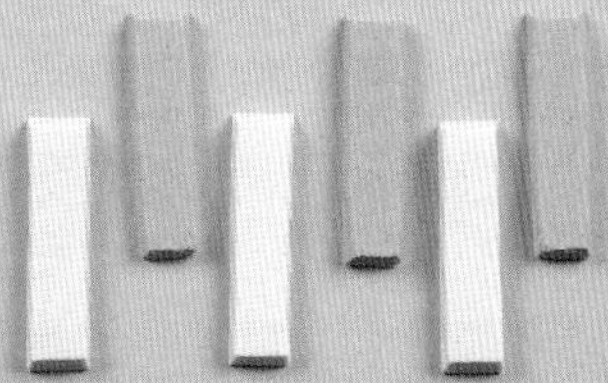

E 千本玉寿軒
せんぼんたまじゅけん

自總店玉壽軒分得店頭布簾後分支出來創業。在羽二重餅中包入黑芝麻餡的「西陣風味」，是在比擬西陣織的綢緞等，店內陳列著表現京都傳統及文化的各式點心。

〈千本今出川〉☎075-461-0796 京都市上京区千本通今出川上ル 8:30～18:00 休 週三 市巴士千本今出川即到 MAP 124 D-2

D 先斗町駿河屋
ぽんとちょうするがや

店家開設於以千鳥為象徵的花街先斗町中，陳列著充分利用食材好處的產品。提供仿千鳥外型的「先斗町最中」等眾多可愛的商品，也備受年輕女性喜愛。

〈先斗町〉☎075-221-5210 京都市中京区先斗町三条下ル 10:00～18:00 休 週二 京阪三条站步行6分 MAP 124 E-3

C 鶴屋吉信IRODORI
つるやよしのぶイロドリ

老舗鶴屋吉信全新打造的品牌，以店家標誌「鳥（鶴）」和「彩り」的日文發音命名。從代表時光荏苒的日本傳統色調獲得啓發，開發色彩豐富的產品。

〈京都站〉☎075-574-7627 京都市下京区東塩小路町8-3 JR京都駅八条口1F アスティロード内 9:00～21:00 休 無休 京都站內 MAP 124 D-4

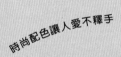

配色柔美
高雅亮麗的干菓子

松屋藤兵衛
まつやとうべえ

位在大德寺前的老店，創業至今約240年，使用自家製大德寺納豆做成的「紫野松風」為招牌點心。「福耳」為紫野松風切除的四個邊的點心，同是熱門商品，熱銷到一上架就會售罄的程度。

〈大德寺前〉☎075-492-2850
⌂京都市北区紫野雲林院町28 ◷9:00～18:00 休週四 市巴士大德寺前即到
MAP 124 D-1

小小一粒
輕柔擴散出滿口清香

珠玉織姫（たまおりひめ）

鮮豔的5色顆粒中，混有柚子、梅子、肉桂等各種口味。單顆體積小，但是入口後卻擴散出濃郁風味，口齒留香，十分美味。盒裝2160日圓

柏屋光貞
かしわやみつさだ

創業於江戶時代。節分的「法螺貝餅」、祇園祭宵山的「行者餅」等，一日限定販售的商品相當著名，擁有衆多每年翹首期盼的常客。

〈東山〉☎075-561-2263
⌂京都市東山区安井毘沙門町33-2 ◷10:00～18:00 休週日、假日 市巴士東山安井即到
MAP 124 E-3

柔和的色彩
充滿京都風情

おおきに

粉淡色調的寒天菓子。顏色各異的柚子及黑糖口味也非常爽口。1盒1150日圓

鍵善良房
かぎぜんよしふさ

於花街祇園延續300餘年的菓子老舖，深受到附近藝舞妓和其客人們的喜愛。從生菓子到烤菓子，店家提供豐富的品項，可在附設茶室中享用的「葛粉條」也是很有名的點心。

〈祇園〉☎075-561-1818
⌂京都市東山区祇園町北側264番地 ◷9:00～18:00（茶室9:30～L.O.17:45）休週一（逢假日則翌日休）
市巴士祇園即到 MAP 124 E-3

秋季限定華麗的
漸層色點心

菊壽糖（彩り）

華麗的菊花整齊地排列在盒中。每到秋天店頭便會陳列出採用粉嫩色系的商品。28個裝1600日圓

御菓子丸
おかしまる

杉山早陽子結束持續10年的創作和菓子小組「日菓」活動後，獨自打造出「御菓子丸」。儘管未設實體店鋪，但是會於茶會和活動上提供的和菓子，在預購階段就銷售一空。她製作出的和菓子美麗到讓人捨不得放入嘴裡，宛如枝頭產生結晶的「礦物之實」堪稱代表作。杉山小姐說：「今後想要製作出能被喚為銘菓、長時間受到大眾喜愛的和菓子。」經她之手孕育而出的嶄新和菓子真是令人期待。

https://www.facebook.com/okashimaru/

眼觀美麗 口嘗美味 既能欣賞又能品味的 創意和菓子

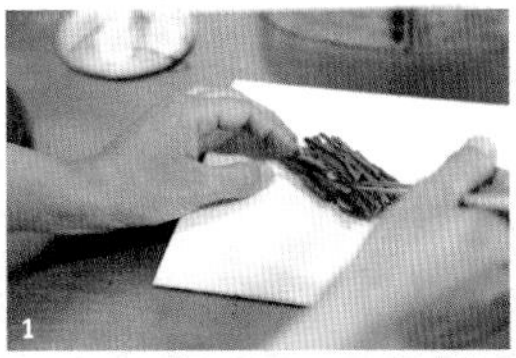

1

2

3

礦物之實

口感外脆內軟的琥珀菓子。能於位在下京區的「木と根」購得。1盒800日圓

1.在麵粉裡混入煎茶後，烘烤成細長形的外皮，再一條一條細心地以糖蜜接合　2.取名為「柴」的烤菓子。聽說她多是從植物或大自然獲得靈感，進而製作和菓子　3.杉山小姐說：「2017年想開設能定期提供和菓子的地方」。近況請關注她的Facebook

絢麗外觀令人著迷
繽紛四季的上生菓子

表現出豐富季節變化的身影，令人屏息。盡情欣賞魅力十足的生菓子世界。

花重400日圓。像是綻放了好幾層小巧櫻花的「練切」糕點，細膩的色調十分美麗

萬千變化的四季全都濃縮進京都的上生菓子

自古以來，多在茶會等場合上款待重要客人時都會端出上生菓子。使用古時為貴重物品的砂糖，仿造四季各異的風景，以優美手藝製作出的奢侈品，傳承至今仍是重要場合才能享用到的點心。

特邀創業於1803（享和3）年的老店龜屋良長，由店主吉村良和先生製作呈現季節特色的上生菓子。以下將介紹店家在堅守傳統的同時，納入新穎風格後製造出的各種華麗品項。

1.於每朵花中央放置金團菓子的製作過程相當細膩，需用纖細的筷子一步一步地進行
2.江戶時代流傳至今的範本集。裡面有許多色彩亮麗又時尚的設計，即使到了現代都還是令人驚艷
3.第8代老闆的吉村良知及由依子夫婦

・四条堀川・

亀屋良長
かめやよしなが

☎075-221-2005 ⌂京都市下京区四条通油小路西入柏屋町17-19 ⏱9:00～18:00 休無休 ‼市巴士四条堀川即到 MAP124 D-3

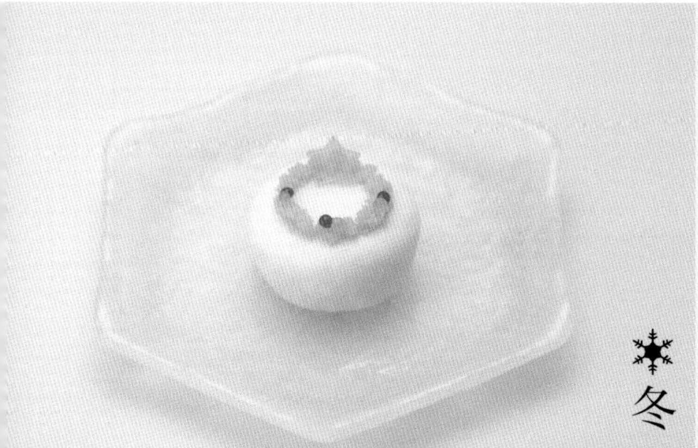

冬

靜謐之夜378日圓。置上花冠的山藥饅頭。羊羹做成的裝飾晶透可愛

春

花摘頌378日圓。以各淡色系的金團呈現綻放於原野的花朵，既高雅又華麗

秋

山柿378日圓。以白豆沙製作的外皮包覆柿子餡，表面再塗上寒天以呈現實物般的光澤

夏

銀河378日圓。多層次的紫色和透明的寒天裡，金箔疊合於其中，閃閃發光

京都名店一手打造，上生菓子的春夏秋冬

・北大路・

嘯月
しょうげつ

☎075-491-2464 住京都市北区紫野上柳町6 ⏰9:00～17:00 休週日、例假日 🚶地下鐵北大路站步行10分 MAP124 D-1 ※需預約

【冬】松之雪
比擬雪與松的細緻金團在口中化開。430日圓

・西陣・

塩芳軒
しおよしけん

☎075-441-0803 住京都市上京区黒門通中立売上ル飛騨殿町180 ⏰9:00～17:30 休週日、假日，第3週三 🚶市巴士大宮中立売步行3分 MAP124 D-2

【秋】光琳菊
依尾形光琳繪製的菊花圖〈光琳菊〉為範本製成的山藥饅頭。432日圓～

・七条大宮・

笹屋伊織
ささやいおり

☎075-371-3333 住京都市下京区七条通大宮西入花畑町86 ⏰9:00～17:00 休週二（每月20～22日無休）🚶市巴士七条大宮即到 MAP124 D-4

【夏】觀世水
以寒天表現出在水面向外擴散的波紋，剔透的外觀讓人感到清涼。432日圓

・御所西・

とらや 京都一条店
とらやきょうといちじょうてん

☎075-441-3111 住京都市上京区烏丸通一条角広橋殿町415 ⏰9:00～19:00（週六、日、假日～18:00） 休不定休 🚶地下鐵今出川站步行7分 MAP124 D-2

【春】岩根之錦
呈現於岩石底部錦簇綻放的杜鵑花。內包白豆餡。486日圓

Kyoto Omotase
Transparent Sweets

透明澄澈的和菓子

眼前閃爍耀眼光芒

使用寒天和水飴呈現剔透感的和菓子備受矚目。頗具深度的設計和透光後的閃亮身影著實夢幻。

笹屋守栄【ささやもりえ】

|| 衣笠 || ☎075-463-0338 ⌂京都市北区衣笠天神森町38 ⏲9:00～18:00 休週三、每月最後週二 ‼市巴士わら天神前即到 MAP125 C-2

平野神社為京都代表性的賞櫻名地之一，店家採用此處綻放的櫻花製成鹽漬櫻花，再以櫻花利口酒調味成此羊羹。不完全的透明感和淡淡粉紅色，讓人覺得高雅優美。豆沙餡的甘甜及鹹味呈現絕佳的平衡狀態。

平野櫻
（1盒）1000日圓
販售期間
全年

天之川
（1條）918日圓
販售期間
6月～8月中旬

羊羹以夜空中閃耀的點點繁星為構想，呈現漸層的深琥珀藍羹中綴飾著銀箔。底下為味甚羹及小倉羹的雙重構造，口感更是適合夏天的清爽甜味。

七條甘春堂【しちじょうかんしゅんどう】

|| 七条 || ☎075-541-3771 ⌂京都市東山区七条通本町東入西の門町551 ⏲9:00～18:00 休無休 ‼京阪七条站步行5分 MAP124 E-4

幸楽屋【こうらくや】

|| 鞍馬口 || ☎075-231-3416 ⌂京都市北区鞍馬口通烏丸東入ル新御霊口町285-59 ⏲9:00～18:00 休週日、假日 ‼地下鞍馬口站步行5分 MAP124 D-2

於錦玉羹製作的金魚缸裡，有2條以豆餡捏成的金魚悠游其中。讓錦玉流進掛起的保鮮膜裡做出細微凹凸紋路，當光線照射局部地方時會閃閃發光，宛如真的玻璃。軟嫩彈牙的口感非常適合夏季食用。

金魚鉢
230日圓
販售期間
6月～8月

琥珀 栗
（6個裝）908日圓
販售期間
全年

琥珀模糊的剔透感如毛玻璃一般，可看見裡面的栗子。從閃耀黃色光輝的圓形外觀，可聯想到高掛空中的明月。外皮吃起來細膩溫順，內側則呈現滑彈口感，是道擁有雙重享受的甜品。

永楽屋 本店【えいらくやほんてん】

|| 四条河原町 || ☎075-221-2318 ⌂京都市中京区河原町通四条上ル東側 ⏲10:00～20:00 休無休 ‼阪急河原町站即到 MAP124 D-3

（由上至下）幸楽屋／永楽屋／笹屋守栄／七條甘春堂／松彌／二條若狭屋／俵屋吉富／霜月

俵屋吉富【たわらやよしとみ】

‖西陣‖☎075-432-2211 ⌂京都市上京区室町通上立売上ル ⓛ8:00～17:00 休週日
‼地下鐵今出川前站步行5分 MAP124 D-2

以藍色錦玉羹表現清澈的水流，再以透白的道明寺羹呈現濺出的水花，整體在比擬擁有豐沛水勢的河川。中間打斜的線條與簡約的雙色對比十分俐落、清爽。

（1條）1944日圓
販售期間
7月上旬～8月下旬

松彌【まつや】

‖京都市役所前‖☎075-231-2743 ⌂京都市中京区新烏丸通二条上ル橘柳町161-2 ⓛ10:00～18:00 休週一、第3週二 ‼地下鐵京都市役所前站步行5分 MAP124 D-3

寒天中鑲嵌著五彩繽紛的金箔及羊羹，表現出打上夜空中的煙火。下方的羊羹如同聚集欣賞煙火的觀眾，甜度恰到好處。聽說也有很多忠實顧客便是期待此種璀璨的設計，等待夏天的到來。

花火
（1個）310日圓
販售期間
7月～8月中旬

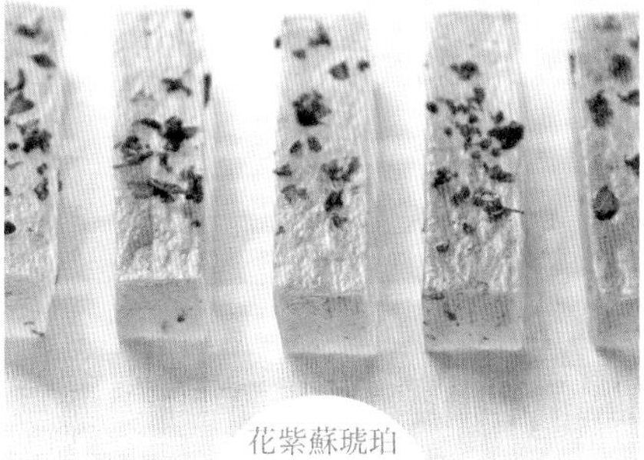

花紫蘇琥珀
（12個裝）950日圓
販售期間
6月上旬～11月下旬

琥珀製作時加入紅紫蘇，並在成品灑上花紫蘇。紫蘇除散發香氣，還能嘗到淡淡鹹味，替甘甜的琥珀增添口感變化。淡紫色調和細長外型方便入口，處處散發出高尚的品味。

霜月【そうげつ】

‖西賀茂‖☎075-491-5556 ⌂京都市北区西賀茂橋ノ木町5 ⓛ9:00～18:00（假日、1月～17:00） 休週日，第1、3週一，其他不定休 ‼市巴士神光院前步行5分 MAP124 D-1

錦秋
（1條）1296日圓
販售期間
9月下旬～11月初旬

從羊羹裡浮在白色道明寺羹上的各色楓葉，便可看出深秋。底層的顆粒豆餡中混有搗得粉碎的栗子，從味道也能感受到秋意。分切之前，讓人想暫時保持完整，先像在觀看一幅畫作似地欣賞一番。

二條若狭屋【にじょうわかさや】

‖二条城‖☎075-231-0616 ⌂京都市中京区二条通小川東入西大黒町333-2 ⓛ平日8:00～18:00（週日、假日～17:00） 休無休 ‼市巴士二条城前步行3分 MAP124 D-3

Kyoto Omotase Pan

在麵包城市「京都」裡邂逅的 麵包小點

如其所聞，京都也是座酷愛麵包的城市，消費量是全日本第一。不妨去尋找看看添加大量奶油、水果的甜滋滋麵包。

焼き立てぱんの店 Clover【やきたてパンのみせクローバー】

在擺放許多可愛麵包的店內，特別醒目的是以白麵包做成的小幽靈，夾在其中的巧克奶油壓低甜度，是單純的好滋味。

|| 烏丸御池 || ☎075-212-5766 京都市中京区室町通二条上ル西側 ⏱7:30～18:30 休週六、日、假日 地下鐵丸大町站步行3分 MAP124 D-2

可愛指數破表的吉祥物麵包

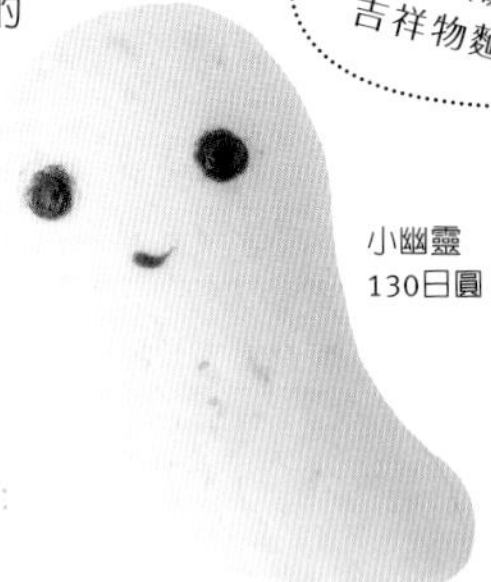

小幽靈
130日圓

REBONDIE【ルボンディ】

讓人十分開心的是，由於點購後店家才會灌入奶油，因此可以品嘗到酥脆的口感。除照片中的卡士達外，還有鮮奶油及巧克力鮮奶油，共3種口味可供挑選。

|| 一乗寺 || ☎075-724-5335 京都市左京区一乗寺梅ノ木町54-1 ノースポイントM1F ⏱7:00～19:00 休週四 叡山電鐵茶山站步行5分 MAP124 E-1

酥脆捲心麵包
（卡士達口味）
173日圓

現場才將奶油擠入，因此麵包依然酥脆

松【まつ】

以巧克力寫上「大」字的麵包山仿造何物，一目了然。以抹茶做成大理石紋狀的麵包中加有紅豆，味道嘗起來也能感受到京都風格。

|| 銀閣寺 || ☎075-771-7550 京都市左京区浄土寺西田町73 ⏱7:00～19:00 休週一 市巴士銀閣寺道即到 MAP124 E-2

Wälder【ワルダー】

店內丹麥麵包種類多元，其中葡萄柚口味格外多汁。麵包裡夾著口感滑順的奶油，葡萄柚的酸甜滋味烘托出奶油的好味道。

|| 四条河原町 || ☎075-256-2850 京都市中京区麩屋町六角下ル坂井町452 ハイマート・ふや町1F ⏱9:00～19:00 休週四 阪急河原町站步行8分 MAP124 D-3

一咬就散放出果肉的酸甜

葡萄柚口味丹麥麵包
237日圓

京都地標化身成麵包

大文字
238日圓

京都水族館【きょうとすいぞくかん】

烏龜和斑海豹等水族館明星動物化身為麵包。日本國產麵粉的味道順口，由於每個產品都是手工製作，因此表情全都不同也令人會心一笑。可於館內咖啡廳購買。

|| 梅小路 || ☎075-354-3130 ⌂京都市下京区観喜寺町 35-1（梅小路公園内）🕒10:00～最後入場17:00（視季節調整）休無休 ‼市巴士七条大宮・京都水族館前步行5分 MAP124 D-4

水族生物造型麵包
各330日圓

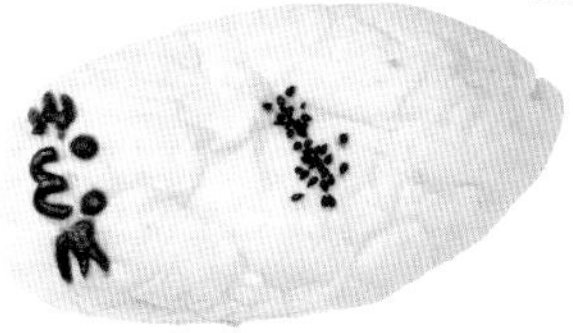

鬆軟的外觀
療癒人心

fiveran【ファイブラン】

貝殼形的外皮口感柔軟有嚼勁，裡頭的卡士達餡是香濃厚實的香草口味。由於尺寸偏小，最適合拿來當作點心。店家也設有內用空間。

|| 烏丸御池 || ☎075-212-5696 ⌂京都市中京区役行町 377 🕒9:00～19:30（內用L.O.18:30）※售完打烊 休週二 ‼地下鐵烏丸御池站步行5分 MAP124 D-3

甜點師麵包
150日圓

會爆漿的
卡士達餡

Le petitmec OMAKE

【ルプチメックオマケ】

令人懷念的熱狗麵包夾進當季水果和鮮奶油而成的產品。麵包和奶油都綿密鬆軟，甜味也順口，因此即使分量偏多也能吃得精光。

|| 四条烏丸 || ☎075-255-1187 ⌂京都市中京区池須町418-1 キョーワビル1F 🕒9:00～19:00 休不定休 ‼阪急烏丸站／地下鐵四条站步行8分 MAP124 D-3

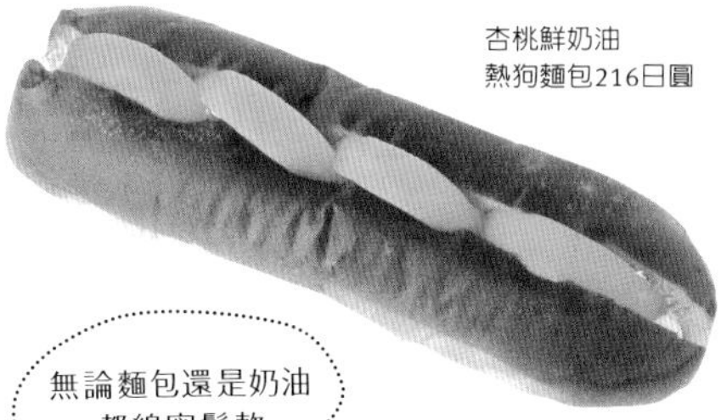

杏桃鮮奶油
熱狗麵包216日圓

無論麵包還是奶油
都綿密鬆軟

HANAKAGO【ハナカゴ】

包進特製卡士達奶油的布里歐麵包為柳橙口味，由於餘味清爽，因此內部滿滿的奶油吃起來也不會膩，轉眼瞬間便能完全吃下肚。

|| 烏丸御池 || ☎075-231-8945 ⌂京都市中京区室町通六角下ル鯉山町516-4 🕒8:00～18:30 休週日、一 ‼地下鐵烏丸御池站步行4分 MAP124 D-3

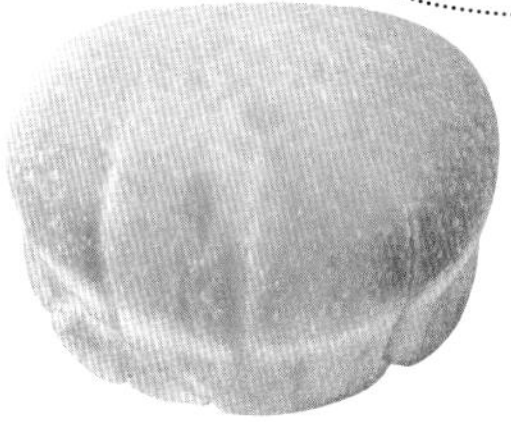

奶油麵包
238日圓

柳橙風味的外皮
十分爽口

FLEUR DE FARINE

【フルールドファリーヌ】

組合宛如蛋糕的麵包，裡頭包含甜度爽口的大理石乳酪醬、豆餡和整顆的栗子等。餡料的甘甜和丹麥麵包的香氣呈現出絕佳平衡。

|| 烏丸御池 || ☎075-223-5070 ⌂京都市中京区東洞院通三条下ル三文字町200 ミックナカムラビル1F 🕒11:00～19:00 休週日、一 ‼地下鐵烏丸御池站步行5分 MAP124 D-3

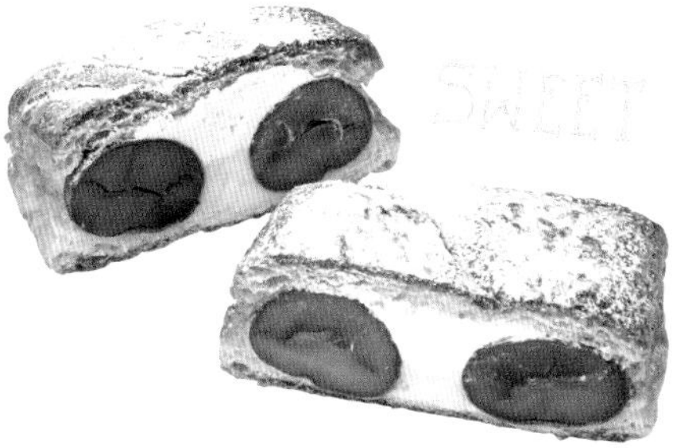

國產栗子
搭配
大理石乳酪醬

栗子乳酪麵包
（2個裝）248日圓

Kyoto Omotase Chocolate

1.店鋪翻修自町家，從咖啡廳可望見的小庭院十分美麗 2.以藍色為基調，採古典風格的空間 3.能自行挑選喜愛口味的生巧克力9個裝4752日圓 4.撒上了刨自上等巧克力屑的熱巧克力也是熱門的招牌商品 5.通往門扉另一端的小路也非常漂亮

Chocolate make you happy!

芳醇香氣誘人登門
魅力滿分的巧克力專賣店

京都街上開有眾多充滿個性的巧克力專賣店。不妨出門走一趟，探尋以高級可可粉製成的極致美味。

於豪華的空間內 享用高級巧克力

MARIEBELLE京都本店【マリベルきょうとほんてん】

發跡紐約的品牌，採「Farm to bar」模式，自農場開始管理。展示櫃中陳列著生巧克力，設計圖樣色彩鮮豔，讓人湧上像是來到珠寶店般的興奮之情。附設的咖啡廳中也提供種類豐富的飲料及餐點。

|| 烏丸御池 || ☎075-221-2202 ⌂京都市中京区柳馬場三条下ル 槌屋町83番地 ⏲10:00～19:00 休週二 ‼地下鐵烏丸御池站步行6分 MAP 124 D-3

香氣出眾
微苦的成熟風味

1.四方巧克力可購買單顆150日圓～　2.販售香草酒、丁香等大人喜愛的罕見口味也是一大魅力

Chocolatier Double Sept
【ショコラティエドゥーブルセット】

店內排列著25～30種使用酒或香料製成的各式風味巧克力。為凸顯原料香氣，因此每種品項的可可比例各自不同，但全是微苦口感，此也為特徵所在。此般微苦的好滋味也備受男性喜愛，店內也可看到上班族回家途中順道前來購買的身影。

|| 四条烏丸 || ☎075-341-7739 京都市下京区柳馬場通四条下ル相之町141 ITOビル1階 14:00～21:00 休 不定休 地下鐵四条站步行5分 MAP 124 D-3

品嘗與農家合力製作的巧克力

1.生巧克力6個裝2700日圓
2.可可碎仁巧克力1080日圓。口味和包裝可能依時期而有所不同

Dari K 祇園あきしの店
【ダリケーぎおんあきしのてん】

店家與印尼農家合作，自可可加工階段便開始管理，是日本國內少見的經營模式。之所以可品嘗到烘培後壓碎的「可可仁」商品，也是因為店家參與加工過程，才有辦法提供。於此可享用可可香氣撲鼻的原始風味。

|| 祇園 || ☎075-494-0525 京都市東山区清井町492-22 11:00～18:00 休 週二 市巴士祇園步行5分 MAP 124 E-3

1.京都凍派1166日圓，6塊一組，可挑選喜愛的種類
2.將小罐裝巧克力的內容物，放進透明桶中展示

品嘗水果和和風食材融合出的美味

NEW STANDARD CHOCOLATE kyoto by 久遠
【ニュースタンダードチョコレートキョウトバイくおん】

採用哥倫比亞產的高純度可可塊，另外選用風味濃厚強勁的可可，不會被黑豆、水果乾等多樣食材搶走鋒頭。招牌商品為京都凍派，裡頭加滿配料，分量十足。

|| 御所西 || ☎075-432-7563 京都市上京区堀川出水上ル桝屋町28 堀川商店街內 11:00～19:00 休 不定休 市巴士堀川下立売步行3分 MAP 124 D-2

1.黑巧克力Vietnam1620日圓具有柑橘類般的酸味及苦味
2.陳列的商品像是融入具有溫度的裝潢裡

充滿個性的風味令人驚艷
依產地區別的巧克力片

BENCINY【ベンチーニー】

從烘培可可豆開始的「Bean to Bar」店家。店內常備數種依可可產地製成的片狀巧克力，鬆脆口感個性十足。由於都是少量生產，因此銷售一空的情景司空見慣，推薦早點上門購買。

|| 岡崎 || ☎075-761-3939 京都市左京区岡崎西天王町84-1 週五14:00～17:00，週六、日12:00～17:00 休 週一～四 地下鐵東山站步行7分 MAP 124 E-2

心靈都獲得平靜

養生食材製成的點心

因為喜歡甜食所以不小心吃太多了，
許多人應該都有如此的煩惱。
這時不妨來些對身體負擔小的養生點心。

品味椰子糖的順口甘甜

（烤鳳瑞）播種
756日圓

烤鳳瑞口感鬆軟，上頭放有樹果或南瓜的種子，設計意象為作物健康長大的田畝

京都菓子老舖亀屋良長余於2016年6月開設的全新品牌。多以椰子糖和楓糖等對身體負擔小的甘味取代白砂糖。使用椰子花蜜改良自有名的和菓子「烏羽玉」而製成的「美甘玉」也大受好評。

吉村和菓子店
よしむらわがしてん

〔四条堀川〕☎075-221-2005
京都市下京区四条通油小路西入柏屋町17-19 亀屋良長店内
9:00～18:00 休 無休
市巴士四条堀川即到
MAP 124 D-3

精心製作的德國傳統甜點

蜂蜜、抹茶
100g 540日圓
栗子與蕎麥粉（秋季限定）100g 680日圓

挑選完全沒有添加物的安心食材，以德國傳統製法烘烤而成的年輪蛋糕。除人氣破表的蜂蜜口味外，店主森美香女士活用自身經驗及品味，以出乎意料的食材交融出季節限定商品，提供令人感動的好滋味。

Süßes Vegetus
ズーセスヴェゲトゥス

〔紫竹〕☎075-634-5908
京都市北区紫竹下竹殿町16
12:00～18:00(預購取貨11:00～19:00)
休 週三、四，其他不定休
市巴士下竹殿町即到 MAP 124 D-1

邊烤邊不平均地澆淋蜂蜜，因此每一口都可品嘗到不同的蜂蜜香氣及芬芳口感

以本葛製作的新口感冰品

綜合水果、
宇治抹茶、草莓
各500日圓

融化之後，卻有宛如麻糬般的彈牙口感令人咋舌。
店頭陳列的口味會視季節而異

到訪寺院神社櫛次鱗比的東山街區，可以品嘗到使用本葛製造的新口感冰棒。不僅不添加防腐劑和色素，甚至也不使用膠質和牛奶，實在叫人吃驚。另有煎茶黑豆、生八橋等京都風格的口味。

京都・本くず氷 清水店
きょうとほんくずごおりきよみずてん

〔東山〕☎050-5539-4953
京都市東山区清水四丁目168-3
10:00～18:00 休 週三（夏季無休）
市巴士清水道步行4分 MAP 124 E-3

天然酵母製Q軟甜甜圈

招牌甜甜圈
（牛奶巧克力）259日圓
（和三盆糖）194日圓

可另外索取和三盆糖，之後再自行添加。享用前再撒下，藉此能品嘗到舒爽口感

店家以天然酵母和發芽糙米揉成麵糰，再細心油炸出口感Q軟的甜甜圈。和三盆糖及大豆粉等呈現出的樸素滋味，是種讓人覺得能吃上好幾個的高雅甘甜。

ひつじ

〔御所南〕☎075-221-6534
京都市中京区富小路夷川上ル大炊町355-1
11:00～18:00（售完打烊）休 週日、一、二，其他不定期休 地下鐵丸太町站步行10分
MAP 124 D-2

降低甜味的麩甜點

梢（抹茶）
756日圓

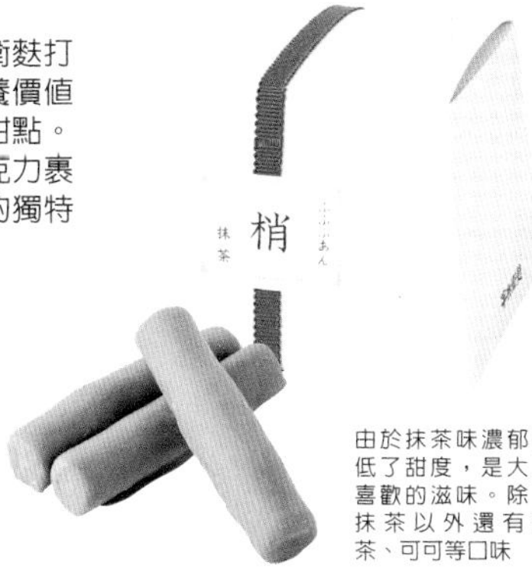

由於抹茶味濃郁降低了甜度，是大人喜歡的滋味。除了抹茶以外還有紅茶、可可等口味

由元祿年間創業的麩老店半兵衛麩打造的品牌，眾所皆知麩質是應養價值高的健康食材，店家用其製作甜點。烘烤加入抹茶的麩質後再以巧克力裹覆外層，可品嘗到不同於餅乾的獨特鬆脆口感。

ふふふあん by 半兵衛麸
ふふふあんバイはんべえふ

〔清水五条〕☎075-561-0371
京都市東山区問屋町通 五条下ル上人町 10:00～17:00 休 週三
京阪清水五条站即到
MAP 124 D-3

京都和菓子年曆

和菓子猶如一面映照出四季的鏡子，
就是要品嘗當季的美味。
接下來將介紹12個月份的代表性和菓子，
感覺季節荏苒會因此變得更加惹人憐愛。

睦月

花瓣餅

夾入味噌和牛蒡的麻糬點心，於新年時享用，藉此慶賀新年。源起於宮中的迎春儀式。

酒窩饅頭

在潔白饅頭的凹陷處輕輕畫上一個紅點，用以表現皮膚白皙的少女微笑時露出的酒窩。

如月

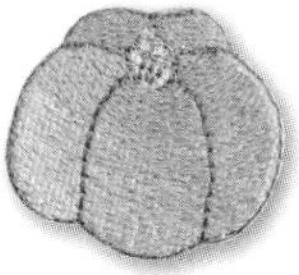

寒紅梅

此生菓子以寒冬中盛開的一朵紅梅為構思，暖色系的紅色讓人忘卻寒冷。

彌生

引千切

女兒節時必備的引千切。色彩美麗的碎豆餡讓人喜愛，非常適合女兒節。

卯月

櫻餅

道明寺餅的淡淡粉紅和櫻葉的香氣，捎來春天降臨的訊息。自古以來便是賞櫻名勝嵐山的名產。

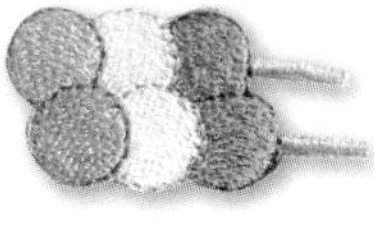

花見團子

從江戶時代開始即受到平民喜愛的花見團子。粉紅色代表櫻花、白色為雲霞，綠色則是意表樹木上嫩綠的新芽。

皐月

粽

慶祝端午節的點心。一般是以竹葉包覆米粉末製成的丸子，但在京都也會包進葛粉凍或羊羹。

柏餅

源起老葉掉落新葉便會萌芽的柏樹，自古就是祝福下一代平安成長的點心。

水無月

水無月

6月30日祈願無病無災後食用的就是水無月。為求度過酷暑，因而切成三角形比擬為冰塊。

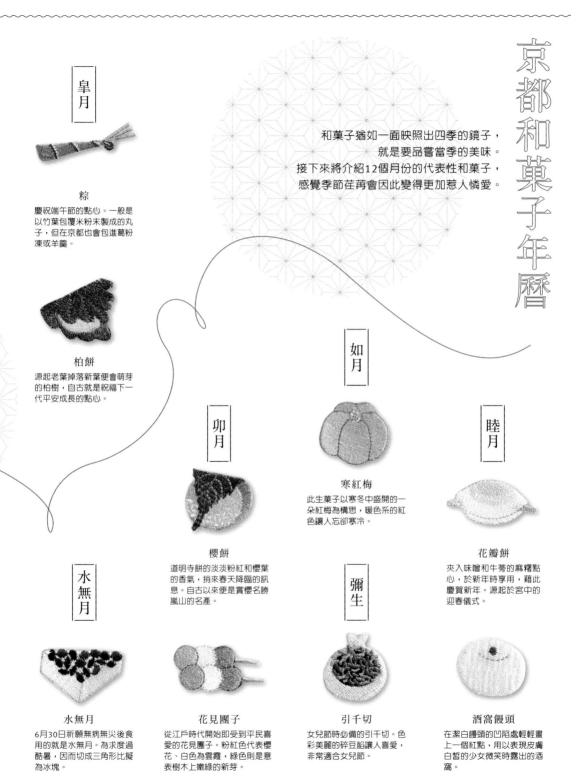

葉月

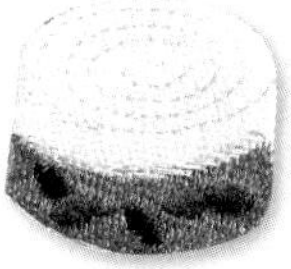

水面

呈現水面擴散的波紋。透明的寒天代表澄澈的流水，紅豆代表水底的小石子。

文月

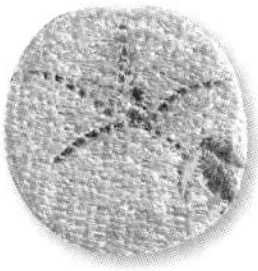

朝顏

仿造綻放於清爽早晨的牽牛花，剔透的花瓣正中央還有閃爍的朝露。

長月

月見丸子

中秋夜也稱為芋名月。以芋頭外型的丸子和豆沙餡表現出雲裡藏月的模樣，十足的京都風格。

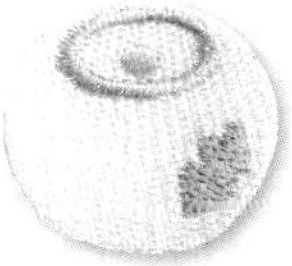

光琳菊

畫家尾形光琳僅用圓圈和點簡單地描繪出菊花。此般簡約的設計搖身變為山藥饅頭。

神無月

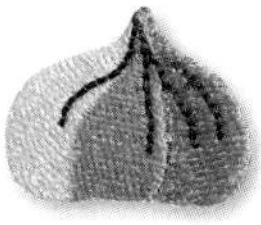

栗絞

將丹波栗製成泥狀，再以茶巾緊擰塑形後製成的為基本樣式。也有烤到散發香氣，或包進餡料的菓子。

霜月

亥子餅

過去宮中於亥月（舊曆10月）亥日祈願子孫滿堂時使用的儀式點心。像是小野豬的外型十分可愛。

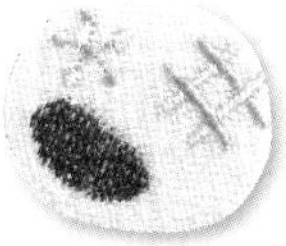

織部饅頭

緬懷千利休弟子古田織部的茶點。從織布燒上獲得靈感，綠色與茶色的侘寂色調非常好看。

師走

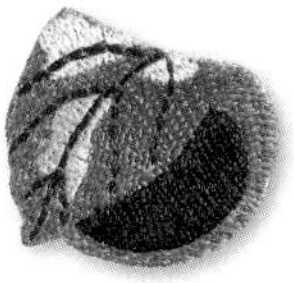

枯木

連先行凋謝的葉子也能化身為可愛的東西，這就是和菓子的魅力。藉此遙想秋末冬初的情景。

令人想要嘗一口的和風小物

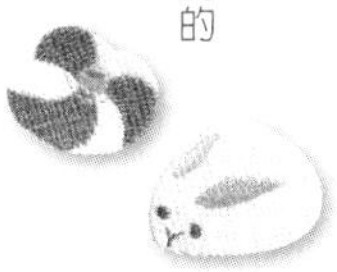

和片324日圓～
京都刺繡工坊出品的各式布章

京東都 本店
きょうとうとほんてん

提供種類豐富的和風生活用品，設計以傳統圖樣為基調，同時又富含童心。

|| 東山區 || ☎075-531-3155
⌂京都市東山区星野町93-28（東大路八坂通東入ル）
🕒11:00～18:00 休不定休
‼市巴士清水道步行5分
MAP124 E-3

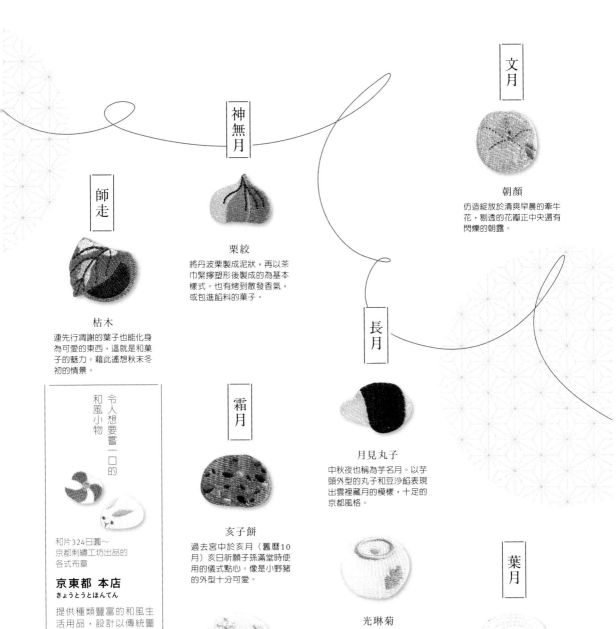

光是欣賞就令人雀躍不已

甜點紋樣的生活用品

眾多看起來美味可口的設計
讓每天的生活變得更愉快。
不妨當作小禮物
送給家人或朋友。

二

圓形卡片組
（京都特色花紋）
648日圓

繪有京都知名景點、甜點和可愛物品等圖案。內含3組卡片及信封

二

卡片組
（海綿蛋糕）
518日圓

高雅的燙金設計最適合用在特別的日子。內附信封和封蠟貼紙

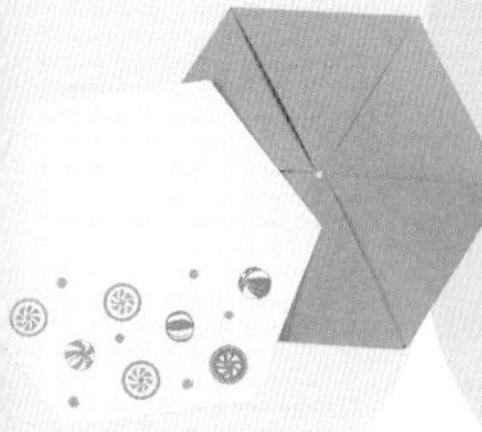

二

六角卡片組
（京都飴）
464日圓

設計採用五顏六色的京都飴。卡片、信封和貼紙成套販賣

書套
（柿子 / 菱餅 / 馬卡龍）
864日圓～

粉色系馬卡龍等，由女工匠設計出的圖案風格前衛，非常可愛

一

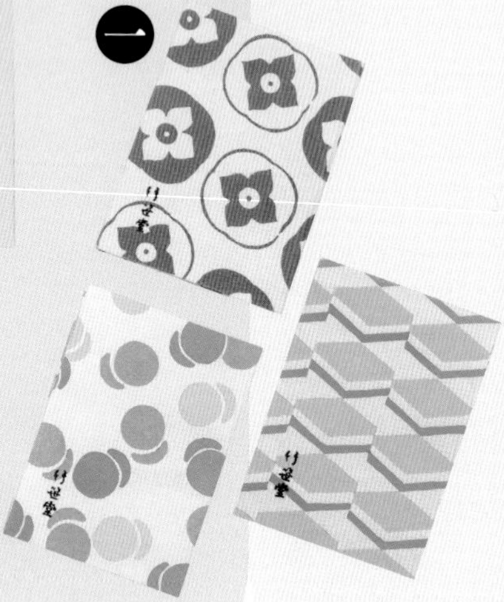

三 RAAK本店
ラークほんてん

棉布老舖永樂屋開設的布製小物店，魅力在於販售以手巾和風呂敷為首，色彩花樣眾多。紗布製的產品也備受歡迎。

〈烏丸御池〉☎075-222-8870 ⌂京都市中京区室町通姉小路下ル役行者町358 ⏰11:00～19:00 休無休 ‼地下鐵烏丸御池站步行3分 MAP124 D-3

二 ROKKAKU
ロッカク

店家專賣明信片、信紙等紙類商品，特徵在於講究至細部的設計即燙金圖紋，也接受訂製。

〈烏丸御池〉☎075-221-6280 ⌂京都市中京区六角通堺町東入ル堀ノ上町109 サクライカードビル1F ⏰11:00～19:00 休週三 ‼地下鐵烏丸御池站步行7分 MAP124 D-3

一 竹笹堂
たけざさどう

店家佇立於小巷內，販售手摺木板印刷出的木版畫和木版生活用品。傳承傳統的同時也會製作與時俱進的產品。

〈四条烏丸〉☎075-353-8585 ⌂京都市下京区綾小路通西洞院東入ル新釜座町737 ⏰11:00～18:00（視季節而異）休週日、例假日（會臨時公休）‼地下鐵四条站/阪急烏丸站步行7分 MAP124 D-3

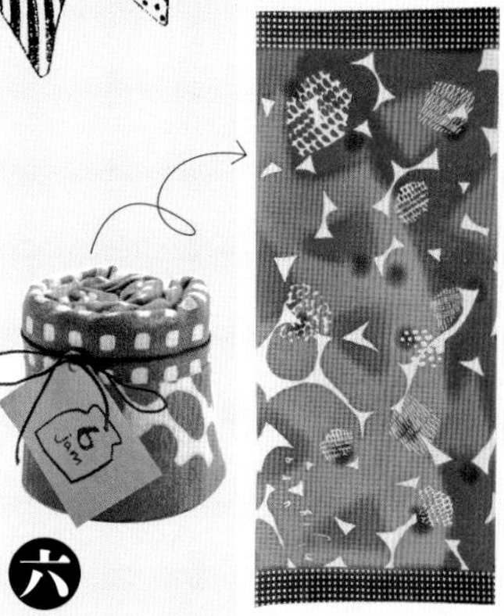

六

6jam　文火慢煮
軟綿果醬的手巾
（草莓和黑胡椒）
1728日圓

店家把手巾摺疊成像個果醬瓶，
圖紋鮮豔的色彩也會讓人看到入迷

六

手巾（和菓子）
1728日圓

看了也開心的和菓子圖案手巾。
裱框後裝飾也是觀賞方式之一

手巾
（巧克力／馬芬蛋糕／丸子）
各1728日圓

看來相當美味的甜點圖案非常可
愛，讓人捨不得拿來使用

三

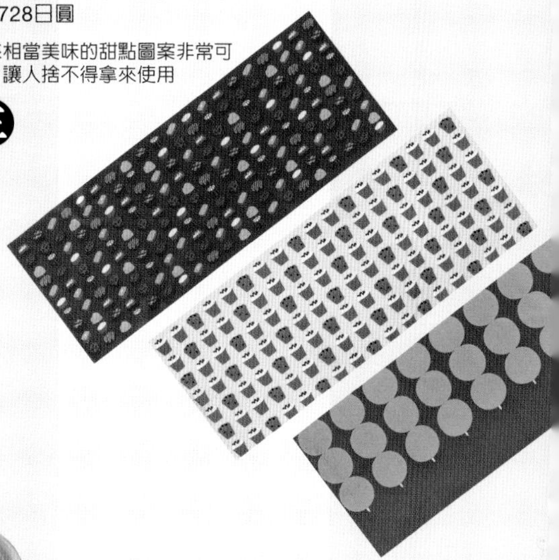

四

糖果磁鐵
（錦玉／迷你霓虹）
各540日圓

以樹脂覆蓋真的糖果，由
於是手工製造，因此每一
個的模樣都不盡相同

干菓子飾品
（琥珀紫陽花／和三盆菊）
各540日圓

連質感都像實物，完美重現京都
和菓子老店的干菓子

四

五

3.8吋印鑑盒附印泥（蛋糕圖案）
994日圓／5.5吋半圓梳型錢包
（粉紅糖果圖案）1836日圓

備有多種樣式和大小的雙扣式錢包。
時尚設計讓人看了有好心情

六 にじゆら京都三条店
にじゆらきょうとさんじょうてん

手巾專賣店，採用「暈滲」和「擺動」為特徵的注染技法。內售產品時尚又炫麗，設計十分前衛。

〈京都市役所前〉☎075-253-0606 京都市中京区麩屋町通三条上ル弁慶石町38-1 ⓛ10:00～20:00（視季節而異）休無休 地下鐵京都市役所前站步行5分 MAP124 D-3

五 まつひろ商店 三条本店
まつひろしょうてんさんじょうほんてん

店家專賣種類豐富的金屬雙扣。從傳統和風圖樣到編織品、毛皮素材，與充滿個性的材料結合正是魅力所在。

〈三条大橋〉☎075-761-5469 京都市東山区三条通大橋東入ル三町目12 ⓛ10:30～20:00 休無休 阪急河原町站步行5分 MAP124 E-3

四 nanaco plus+ 京都本店
ナナコプラスきょうとほんてん

以和菓子為設計主體的飾品店，位在柳小路。糖果飾品顏色鮮豔又可愛，是熱門商品。

〈四条河原町〉☎075-708-6005 京都市中京区新京極通四条上ル中之町577-22 ⓛ11:30～18:30 休週二（逢假日則營業） 阪急河原町站步行5分 MAP124 D-3

京都のおやつのお話

京都點心

甘党茶屋「梅園」已創業90年，西川葵小姐不僅身兼第3代師傅，還一手打造出「うめぞのCAFE&GALLERY」的抹茶鬆餅，以及「うめぞの茶房」全新感覺的裝飾羊羹，口味與外型都備受喜愛。本書特訪西川葵小姐談談京都的點心。

京都點心的魅力與近10年的變化

我們店本身由於是傳統日式甜點店，因此做的不是上菓子而是一般的點心，基本上一直以來做的都是一般在吃的清淡小點，不過談到「京都點心的魅力」，我想在京都真的有很多非常厲害、極具歷史與高超手藝的老店，有資格可以說：「要談和菓子就是要在京都談」。

最近，新式和菓子製作家們也相當活躍，譬如，即使有人是在老店工作，但又準備要獨立開店時，老店的老闆會一直關心準備開設新店的年輕一輩，在開店後還會持續提供支援。我們常聽到吧，該怎麼說才好……說那些老闆包容力很強，不如說那就是十足的京都作風。面對原本在自己店裡鍛鍊手藝的孩子準備獨立開店，店主都抱持著非常肯定的態度。給我的印象就是，他們熱愛和菓子的一切，而且我覺得在他們的和菓子中，也明顯呈現出那樣的感覺。

我認為近10年是變化劇烈的10年。在和菓子的世界中，分得店頭布簾進行分支創業，才是基本的開店方式，因此我以前覺得恐怕沒人開得成全新的和菓子店。然而，年輕一代的師傅出現，咖啡廳也一間間地開張，能以靈活的思考方式看待和菓子的人變多了，業界也跟著產生越來越多變化。

此外，歷史悠久的各家京都老店，也都開始透過各種新方法來呈現和菓子，或是開設咖啡廳，以多元的形式經營起店家。在這10年內，客人已經會像在找蛋糕店，或是在找麵包店那樣，開始去找尋新的和菓子店家，我真的覺得這樣的時代已經來臨。

如果把時間往回稍微往前推一下，我認為過去那個時代，即使想要認識和菓子，好像也只能買專業書籍……。然而就算去了書店，也只有把和菓子當成學問在學習的人，才有辦法走進和菓子書區。那邊就是個門檻這麼高的地方，必須下很大的決心才能買下一本要價好幾千日圓的書，但是現在情況完全不同了。

梅園跨出全新的一步這麼做的契機為何？

我開始製作點心的契機是在現在我們家店裡產生的。我大約從幼稚園開始，就很喜歡和菓子了。以前在店裡等爸媽的時候，客人有時會分我吃一點，當時我覺得那些東西真是好吃。然後在慶生會時當大家能在盒子裡選蛋糕時，我都會刻意挑抹茶蛋糕。總之我這個人從小就是一定要選「和風物品」的類型。

我在那樣的環境中喜歡上麻糬和豆餡，後來小學還國中的時候，就已經會自己做蕨餅之類的，而且當時的我還覺得那是件很普通的事。然而，學生時代開始在我們家店裡打工後，才發現一起打工的同世代小孩幾乎不談論和菓子，讓我大吃一驚。